MANUAL DE DOCTRINA SOCIAL DE LA IGLESIA

Una guía para los cristianos en el mundo de hoy

Prólogo
CARDENAL PETER K.A. TURKSON

Edición
MARTIN SCHLAG

Traducción
VIVIANA SOTRO

SAINT PAUL
SEMINARY PRESS

SAINT PAUL, MINNESOTA • 2022

Imagen de portada: Vista aérea de un cruce en la Ciudad de México, por Orbon Alija
Diseño de portada: Judy Gilats
Maquetación: M.ª Teresa Millán Fernández y Judy Gilats

Primera publicación 2021 por
Editorial Didaskalos
Valdesquí 16, Madrid 28023
Depósito legal: M-2700-2021
ISBN: 978-84-17185-58-9

Reimpresión 2022 por
Saint Paul Seminary Press
2260 Summit Ave., Saint Paul, Minnesota 55105

Traducción completamente revisada de la publicación inglesa: *Handbook of Catholic Social Teaching: A Guide for Christians in the World Today* (Washington, DC: The Catholic University of America Press, 2017).

Schlag, Martin Wilhelm Michael, 1964- editor.
Turkson, Peter Kodwo Appiah, 1948- autor del prólogo.
Sotro, Viviana, traductora.

Library of Congress Control Number: 2021946286
LC record available at https://lccn.loc.gov/2021946286
ISBN 978-1-953936-07-3 (paperback)
ISBN 978-1-953936-57-8 (ebook)

Nihil Obstat:
John Floeder, STL
Censor Librorum
Imprimatur:
Bernard A. Hebda, DD, JCL, JD
Arzobispo de Saint Paul y Minneapolis
18 de febrero de 2022

The Library of Congress has cataloged the 2017 English edition as follows:
Schlag, Martin, 1964–editor.
Handbook of Catholic social teaching : a guide for Christians in the world today / edited by Martin Schlag ; foreword by Peter Cardinal K.A.Turkson.
Economia e societá. English
p. cm.
Washington, DC : Catholic University of America Press, 2017. |
Includes bibliographical references and index.
LCCN 2016053096 | ISBN 9780813229324 (pbk. : alk. paper)
LCSH: Christian sociology—Catholic Church—Miscellanea.
LCC BX1753 .E2613 2017 | DDC 261.8088/282—dc23
LC record available at https://lccn.loc.gov/2016053096

spspress.com

Sumario

Prólogo

Cardenal Peter K.A. Turkson

Quien "no ama a su hermano, [o hermana] a quien ve, no puede amar a Dios, a quien no ve" (1 Juan 4,20). En el centro de nuestra fe están las dos prescripciones del mandamiento más grande (Mt 22,35-40 y Mc 12,28-34) y las dos están indisolublemente ligadas. La fe sin caridad no tiene vida: "la fe: si no produce obras, muere solita" (St 2,17). Y quizás la enseñanza más fuerte que Jesús ha dado continúa siendo la parábola del Buen Samaritano (Lucas 10,25-37).

Estas palabras nos inspiran, nos sentimos conmovidos pero, ¿qué debemos hacer? ¿Cómo podemos responder de la mejor manera? .

De la experiencia de fe de la comunidad eclesial fluyen las repercusiones sociales de la Sagrada Escritura, del Evangelio.

A lo largo del tiempo, hombres y mujeres santos, diócesis, movimientos eclesiales y órdenes religiosas, inspirados por la fe y la caridad, han llevado a cabo toda forma imaginable de servicio a los pobres, los necesitados, incluyendo a los prisioneros e inmigrantes, los enfermos y moribundos, peregrinos y esclavos y a muchos más también.

Así se expresaba San Juan Pablo II: "el cristianismo debe estar insertado en la vida diaria y debe estar orientado a reformar la realidad social. La responsabilidad humana y cristiana debe ejercitarse en estos lugares: la familia y la Iglesia, el trabajo y la política"[1].

En la era moderna, el papa León XIII fue el primero en articular formalmente la doctrina social de la Iglesia, la que aplica nuestra fe y tradición a las cambiantes y desafiantes situaciones de la sociedad moderna.

Como un lenguaje de la fe en acción, de reflexión y razón, enraizada en la Escritura y en el diálogo con las ciencias humanas, las enseñanzas sociales de la Iglesia ofrecen orientaciones fiables basadas en la reflexión y en la sabiduría práctica acumulada a lo largo de los siglos. Las vidas de tantos hombres y mujeres han ofrecido al mundo muchos ejemplos de amor cristiano. Pastores y teólogos han ofrecido ideas y consejos sobre la naturaleza del compañerismo cristiano en la vida social. A lo largo de los siglos, la Iglesia ha tenido que abordar muchas cuestiones urgentes: los derechos de los trabajadores, los males del totalitarismo, la masiva indiferencia por los derechos humanos y la dignidad humana, el embate del paradigma tecnocrático, las crisis económicas y finan-

---

[1] San Juan Pablo II, *homilía en la Misa de beatificación de Adolph Kolping,* 27 octubre 1991 (la traducción es nuestra).

cieras, la destrucción del ambiente natural, el tráfico de personas y la migración forzada entre otros muchos asuntos.

El Compendio de la Doctrina Social de la Iglesia cubre muchas de estas cuestiones y esto hace que sea una referencia muy útil para quien desee conocer el mensaje social cristiano. Sin embargo, debido a su volumen y a la inevitable complejidad de algunas de sus páginas, su lectura puede ser intimidante para aquellos que están comenzando a estudiar la doctrina social de la Iglesia. Además, desde su aparición en 2004, ha habido nuevas encíclicas y otros documentos que merecen un lugar en cualquier resumen de las enseñanzas sociales de la Iglesia. Esto refleja el hecho de que nuevos temas y desafíos emergen constantemente y requieren una respuesta con raíces en la fe.

Por lo tanto estoy muy contento de que el Profesor Monseñor Martin Schlag haya editado este Manual de Doctrina Social de la Iglesia Católica. Es un *catependio,* en el sentido que resume el Compendio y conserva su rango de contenido (....pendio) y adopta el formato de preguntas y respuestas del catecismo (cate....), que ha probado ser muy efectivo para la enseñanza. Esto ayuda a que su presentación sea amena y accesible para los jóvenes y demás personas.

Como consultor del Pontificio Consejo «Justicia y Paz», Monseñor Martin Schlag ha presenciado algunos de los debates en nuestro Consejo y estuvo en contacto directo con nosotros mientras escribía este manual. Esto ha sido especialmente importante para la inclusión de los nuevos documentos pontificios y los nuevos temas que el Compendio del 2004 no pudo tratar. El tratamiento de estos temas corresponde a las secciones "temas especiales".

Espero que este *catependio* se divulgue ampliamente y esté disponible para muchas personas alrededor del mundo. Sobre todo, espero y ruego que su contenido mueva muchos corazones a responder a los impulsos del Espíritu Santo y que abra nuestros corazones a las necesidades de nuestros hermanos y hermanas y a las necesidades de la Tierra, nuestra casa común.

CARDENAL PETER K.A. TURKSON

Prefacio

En el Juicio Final el Señor nos preguntará qué hemos hecho por los pobres, los hambrientos, los enfermos y los que no tienen ropa, los prisioneros y los sin casa. Lo que el lector tiene en sus manos no es solamente un manual académico, sino un manual para su vida en este mundo. Los cristianos a lo largo de los siglos, han buscado poner en práctica el mandamiento de Cristo de amar al prójimo y con el paso del tiempo, la Iglesia ha formulado una enseñanza social para ayudarnos en esta gran tarea. Sin embargo, esta enseñanza no puede quedarse sólo en la teoría. Quisiera retar a los lectores a considerar este libro como un examen de conciencia, meditando su contenido y lo que éste significa para sus vidas: ¿cómo puedo vivir activamente el mensaje de la caridad de Cristo? ¿Qué haría Jesús si estuviera en mi lugar?

La tarea de formular enseñanzas sociales para todo el mundo no es nada fácil. Las diferencias regionales y aun más, las diferencias entre los continentes, son considerables. Hay personas en algunas partes del mundo que sufren de hambre y desnutrición mientras que en otros lugares tienen todos los bienes materiales pero aun así, se sienten infelices. En algunos países los cristianos son perseguidos y llevados a la muerte, mientras que en otros países con libertad religiosa, algunos cristianos no ejercitan sus derechos políticos ni participan activamente en la vida social. No hace falta decir que la lista de diferencias puede llegar a ser interminable. A pesar de reconocer estas diferencias, la Iglesia a través de los siglos y de numerosas experiencias dolorosas, ha dilucidado una cantidad de principios que se aplican a toda sociedad: la dignidad humana, el bien común, la solidaridad y la subsidiaridad. También se esfuerza para que estos principios den el mayor fruto posible en las realidades de la vida social, que son estudiadas y descritas por las ciencias sociales.

En su discurso de clausura durante la última sesión del Concilio Vaticano II, San Pablo VI caracterizó al espíritu del concilio con la "antigua historia del [Buen] Samaritano", que ha sido "el modelo de la espiritualidad del concilio". En el concilio, la Iglesia se ha inclinado hacia la humanidad y sus necesidades con una "simpatía sin límites" y "se ha declarado a sí misma como servidora de la humanidad" proponiendo "un nuevo tipo de humanismo" centrado en Dios Padre, Cristo y el Espíritu Santo[2]. Es este humanismo cristiano o integral el que se propone en la doctrina social de la Iglesia.

La constitución pastoral *Gaudium et Spes* del Concilio Vaticano II es una encarnación excepcional de este nuevo huma-

---

[2] Pablo VI, *Epílogo del Concilio Ecuménico Vaticano II: Alocución durante la última sesión pública*, 7 de diciembre de 1965 (Ciudad del Vaticano: Librería Editrice Vaticana, 1965). El texto entre corchetes fue agregado por el editor.

nismo cristiano. En ella, la Iglesia entra en un diálogo con el mundo. En un diálogo las dos partes dan y reciben. La Iglesia acepta los valores, objetivos y logros de la actividad humana en el mundo. Al mismo tiempo, la Iglesia, ofrece al mundo la luz de la Palabra de Dios, en la cual el significado y el sentido de toda la realidad se vuelven comprensibles. El hombre sin Dios se vuelve inhumano. Sin Dios, no podemos construir una sociedad digna del ser humano, como dolorosamente lo han demostrado los regímenes ateos del siglo XX. Por eso la Iglesia no puede interrumpir o excluirse de este diálogo.

La división en principios generales y su aplicación a problemas específicos subyace a toda la estructura de *Gaudium et Spes* como también a la del Compendio de Doctrina Social de la Iglesia. El Compendio sigue a *Gaudium et Spes* en los temas que trata en su segunda parte: la familia, el trabajo, la vida política y económica, la paz, la ecología, etc. Por lo tanto, podemos aplicar al Compendio (y también a su resumen en este libro) la explicación dada por el mismo Concilio sobre su constitución pastoral: las dos partes del documento contienen elementos diversos. Algunos de estos elementos tienen un valor permanente, otros, solamente transitorio. En consecuencia, la constitución pastoral debe ser interpretada de acuerdo a las normas generales de interpretación teológica. Los intérpretes deben tener en cuenta las circunstancias cambiantes que, por su misma naturaleza, el tema en cuestión implica[3].

El Compendio fue publicado en el año 2004; desde ese tiempo ha sido traducido a más de treinta idiomas y ha demos-

---

[3] Ver Concilio Vaticano II, *Gaudium et Spes* (Ciudad del Vaticano: Librería Editrice Vaticana, 1965), Prefacio, nota al pie 1.

trado ser un valioso instrumento pastoral para difundir las enseñanzas sociales de la Iglesia. El papa Francisco se ha referido repetidamente al Compendio como una guía certera y ha sido incluido en la biblioteca de recursos de la página web del Vaticano entre los textos fundamentales del Magisterio. Para hacer más accesible su contenido, ofrecemos aquí un resumen en formato de catecismo. También hemos incluido documentos nuevos sobre las enseñanzas sociales de los papas. Los capítulos y sus contenidos corresponden fielmente a los del Compendio. Al mismo tiempo, hemos tratado de resumir el texto y de reformularlo para hacerlo más comprensible a un público más amplio, sean cristianos o no-cristianos. En algunos casos esto ha hecho necesario cambiar el orden de presentación de los párrafos del Compendio. En esta versión hemos incluido algunos párrafos de los documentos finales de las asambleas generales del Consejo Episcopal Latinoamericano CELAM. "América Latina está conformada por diversas razas y grupos culturales con variados procesos históricos; no es una realidad uniforme y continua. Sin embargo, se dan elementos que constituyen como un patrimonio cultural común de tradiciones históricas y de fe cristiana"[4].

Las enseñanzas de los papas y del Compendio son de alcance universal y están vigentes en todo el mundo, también en América Latina. Sin embargo, los grandes desafíos sociales de este subcontinente reclaman una especial voz profética que resuena en los documentos finales de las asambleas generales del CELAM. Estos documentos también contienen un buen número de sugerencias prácticas de doctrina social. Hemos dado pre-

[4] Puebla 51.

ferencia a los textos publicados en Aparecida por ser los más recientes.

La encíclica social *Fratelli Tutti,* publicada por el Papa Francisco el 4 de octubre de 2020, llegó después de la terminación del texto. La encíclica no hace más que confirmar el contenido de este Manual.

A lo largo del texto, se ha eliminado el cursivo original de las frases que se encuentra en el Compendio y la mayúscula para la primera palabra de una oración se ha alterado sin señalarlo.

Con nuestro proyecto, esperamos haber cumplido con el deseo que San Juan Pablo II formulaba en el documento sobre las necesidades especiales de América: "sería muy útil un compendio o síntesis autorizada de la doctrina social católica, incluso un «catecismo», que muestre la relación existente entre ella y la nueva evangelización"[5]. Un grato recuerdo también va dirigido a San Josemaría, ligado con tanta cercanía a las instituciones académicas en las que trabajamos y que siempre deseó un catecismo exponiendo los derechos y obligaciones sociales de los cristianos.

Como editor, deseo agradecer al Dicasterio para el Servicio del Desarrollo Humano Integral, a su Prefecto el Cardenal Peter K.A. Tukson, al Cardenal Michael Czerny, y a la Dra. Flaminia Giovanelli por su incansable apoyo a este proyecto.

---

[5] Juan Pabo II, Exhortación Apostólica *Ecclesia in America* (Ciudad del Vaticano: Librería Editrice Vaticana, 1999), 54. Nota: los números al final de las citas de los documentos del Vaticano, en este libro, indican el número del párrafo, a menos que se indique lo contrario.

Extiendo mi agradecimiento a mis colegas Arturo Bellocq, Gregorio Guitián, Jennifer E. Morel y Elizabeth Reichert por escribir capítulos en este manual y también a Pau Agulles, Antonio Malo, Norberto González y Tebaldo Vinciguerra por sus colaboraciones. Un especial reconocimiento para Viviana Sotro por su traducción; y a Barbara X. Favorite, Meghan M. Skluzacek y Christina R. O'Malley por la selección de una gran parte de los textos del CELAM. Todas esas tareas, traducción y selección, requieren paciencia y trabajo diligente, sin las cuales la edición de este libro nunca se habría logrado.

Agradezco al Acton Institute por un *"mini research grant"* que ha facilitado la traducción del texto; y a la editorial Didaskalos con su director el P. Carlos Granados de haber acogido el *Manual de Doctrina Social de la Iglesia* entre sus libros.

MARTIN SCHLAG
Roma, 1 de mayo de 2016.
Fiesta de San José obrero / St. Paul, 1 de mayo de 2020.

Abreviaturas

AFV	DPDHI. *Aqua fons vitae* (2020).
AL	Francisco. *Amoris Laetitia* (2016). Exhortación apostólica.
AM	Benedicto XVI. *Africae Munus* (2011). Exhortación apostólica.
Aparecida	CELAM (2007). Documento final.
CA	Juan Pablo II. *Centesimus Annus* (1991). Carta encíclica.
CAnc	Juan Pablo II. Carta a los ancianos (1999).
CEC	Congregación para la Educación Católica.
CIglC	Catecismo de la Iglesia Católica.
CDF	Congregación para la Doctrina de la Fe.
CELAM	Consejo Episcopal Latinoamericano.
CIC	Código de Derecho Canónico (1983).
CDSI	Compendio de la Doctrina Social de la Iglesia.
CFL	Juan Pablo II. *Christifideles Laici* (1988). Exhortación apostólica.

CompCIglC	Compendio del Catecismo de la Iglesia Católica.
CV	Benedicto XVI. *Caritas in Veritate* (2009). Carta encíclica.
DCE	Benedicto XVI. *Deus Caritas Est* (2005). Carta encíclica.
DH	Concilio Vaticano II. *Dignitatis Humanae* (1965). Declaración.
DonVer	CDF. Instrucción *Donum Veritatis* (1990).
DonVit	CDF. Instrucción *Donum Vitae* (1987).
DP	CDF. Instrucción *Dignitas Personae* (2008).
DPDHI	Dicasterio para el Servicio del Desarrollo Humano Integral.
EC	Pontificio Consejo para las Comunicaciones Sociales. Ética en las comunicaciones sociales (2000).
EG	Francisco. *Evangelii Gaudium* (2013). Exhortación apostólica.
EV	Juan Pablo II. *Evangelium Vitae* (1995). Carta encíclica.
FC	Juan Pablo II. *Familiaris Consortio* (1981). Exhortación apostólica.
GratS	Juan Pablo II. *Gratissimam Sane* (1994). Carta a las familias.
GS	Concilio Vaticano II. *Gaudium et Spes* (1965). Constitución pastoral.
IB	CDF. *Iura et Bona* (1980). Declaración sobre la eutanasia.
LC	CDF. *Libertatis Conscientia* (1986). Instrucción.
LE	Juan Pablo II. *Laborem Exercens* (1981). Carta encíclica.
LF	Francisco. *Lumen Fidei* (2013). Carta encíclica.
L&F	PCJP. Tierra y Alimento (2015).
LG	Concilio Vaticano II. *Lumen Gentium* (1964). Constitución dogmática.
LS	Francisco. *Laudato Si'* (2015). Carta encíclica.

LW	Juan Pablo II. Carta a las mujeres (1995).
Medellín	CELAM (1968). Documento final.
MM	Juan XXIII. *Mater e Magistra* (1961). Carta encíclica.
MV	Francisco. Bula *Misericordiae Vultus* (2015).
MW	CDF. Carta a los obispos de la Iglesia Católica sobre la colaboración del hombre y la mujer en la Iglesia y en el mundo (2004).
PCJP	Pontificio Consejo «Justicia y Paz», ahora fusionado en el Dicasterio para el Servicio del Desarrollo Humano Integral.
PP	Pablo VI. *Populorum Progressio* (1967). Carta encíclica.
PT	Juan XXIII. *Pacem in Terris* (1963). Carta encíclica.
Puebla	CELAM (1979). Documento final.
QA	Pio XI. *Quadragesimo Anno* (1931). Carta encíclica.
QuerA	Francisco. *Querida Amazonia* (2020). Exhortación apostólica.
Santo Domingo	CELAM (1992). Documento final.
SRS	Juan Pablo II. *Sollicitudo Rei Socialis* (1987). Carta encíclica.
STh	Santo Tomás de Aquino. Suma Teológica.
USCCB	Conferencia de Obispos Católicos de Estados Unidos.
VLE	PCJP. La vocación del líder empresarial (2012), desde 2018 DPDHI. La vocación del líder empresarial.
YC	Youcat (2011).

Introducción

Hacia un humanismo cristiano

Martin Schlag

1. ¿Qué es la doctrina social de la Iglesia?

La doctrina social de la Iglesia aplica el Evangelio a nuestra vida en sociedad. Como seres humanos y como cristianos, somos responsables del mundo en el que vivimos, del bienestar de las personas con las que compartimos este planeta y de la manera en que organizamos la sociedad. La fe cristiana tiene una dimensión social. Hablando sobre el juicio final, Jesús dice que seremos juzgados por nuestras obras de misericordia (Mt 25,31-46). Esto ha movido a los cristianos a reflexionar sobre sus responsabilidades sociales. Motivados por esta tarea, los Pastores de la Iglesia han desarrollado directrices que guían el actuar de los cristianos en la sociedad.

Esta doctrina está contenida principalmente en documentos sobre las consecuencias de la fe en nuestra vida en sociedad publicados por los Pontífices y también por las Conferencias Episcopales. La doctrina social de la Iglesia pertenece a las enseñanzas oficiales de la Iglesia Católica.

También existe el "pensamiento social católico" que es un concepto mas amplio y que incluye reflexiones de teólogos, laicos y operadores en el campo social.

(CDSI 7-10)

2. ¿Qué es el Compendio de la doctrina social de la Iglesia?

Como lo indica el título, el Compendio ofrece un marco de referencia o una visión general del «corpus» doctrinal de la enseñanza social católica. Este documento se propone como un instrumento para la formación, el discernimiento moral y la inspiración y guía de la acción social. En breve, este Compendio resume y explica la doctrina social de la Iglesia haciéndola accesible a todos.

(CDSI 8-10)

3. Todo lo que está incluido en el Compendio y por lo tanto en este manual, ¿tiene el mismo peso o nivel de importancia?

No. El Compendio cita textos del Magisterio que pertenecen a documentos de diversos niveles de autoridad. Los textos citados son encíclicas, documentos conciliares, audiencias papales y también documentos de la Santa Sede. "El cristiano sabe que puede encontrar en la doctrina social de la Iglesia los principios de reflexión, los criterios de juicio y las directrices de acción como base para promover un humanismo integral y solidario" (CDSI 7). Es responsabilidad de cada cristiano aplicar estos principios y criterios a las circunstancias concretas de su vida para poder enfocarse en ellas con el espíritu del Evangelio. En este proceso es importante tener en cuenta que el paso del tiempo y el cambio en las circunstancias sociales requerirán una reflexión renovada de cada asunto para que la lectura del Compendio los lleve a responder a los nuevos signos de los tiempos manteniéndose fieles a los principios perennes de la fe.

(CDSI 7-9)

3.a. ¿Qué es el CELAM y cuál es su contribución a la doctrina social de la Iglesia?

CELAM es la abreviación de "Consejo Episcopal Latinoamericano". El CELAM también ha publicado documentos importantes sobre cuestiones sociales, principalmente en los documentos de conclusión de sus conferencias generales. Estas conferencias, hasta ahora, tuvieron lugar en Río de Janeiro, Medellín, Puebla, Santo Domingo y Aparecida.

4. ¿Qué es el humanismo cristiano?

El humanismo cristiano es la contribución de la fe cristiana a la felicidad en la tierra, no solamente en el cielo, y al desarrollo de cada hombre y mujer, de sus comunidades y de la sociedad en general. La Iglesia propone un "humanismo a la altura del designio de amor de Dios sobre la historia, un humanismo integral y solidario, que pueda animar un nuevo orden social, económico y político, fundado sobre la dignidad y la libertad de toda persona humana, que se actúa en la paz, la justicia y la solidaridad" (CDSI 19).

(CDSI 18-19)

5. ¿Qué tiene que ver el humanismo cristiano con la doctrina social de la Iglesia?

El humanismo cristiano es el objetivo mismo de la enseñanza social de la Iglesia: la transmisión de un humanismo solidario e integral que se realiza completamente a la luz de Jesucristo, Dios hecho hombre. La Iglesia responde a las cuestiones más profundas de la existencia humana, del lugar del hombre en la naturaleza, la sociedad y la historia. "La orientación que se imprime a la existencia, a la convivencia social y a la historia, depende, en gran parte, de las respuestas dadas a los interrogantes sobre el lugar del hombre en la naturaleza y en la sociedad, cuestiones a las que el presente documento trata de ofrecer su contribución" (CDSI 15).

(CDSI 14-15)

Capítulo 1

La caridad, el corazón de la doctrina social de la Iglesia

Elizabeth Reichert

"La caridad es la vía maestra de la doctrina social de la Iglesia. Todas las responsabilidades y compromisos trazados por esta doctrina provienen de la caridad".

Papa Benedicto XVI, *Caritas in Veritate*, 2

Iniciamos con el amor porque el amor, más que la justicia, es capaz de transformar las relaciones entre los seres humanos y es el amor lo que mueve a una persona a trabajar por la paz y la justicia. El amor es desear el bien para la otra persona y trabajar para que ese bien se haga posible, lo que también incluye el bien común. "Se ama al prójimo tanto más eficazmente, cuanto más se trabaja por un bien común que responda también a sus necesidades reales" (CV 7).

6. El amor, o más específicamente la caridad, ¿va en contra de la justicia? ¿No es la caridad solamente para mantener el "status quo"?

Algunos argumentan que la caridad va en contra de la justicia ya que tranquiliza la conciencia de los ricos que ofrecen soluciones temporales a la situación de los pobres sin ayudar a remover las causas que originan la pobreza; así el ciclo de injusticia continúa. Si bien hay algo de verdad en este argumento, también hay errores graves. No se pueden ignorar las necesidades inmediatas de los pobres con la esperanza de construir una sociedad más justa. "La verdad es que no se puede promover la humanización del mundo renunciando, por el momento, a comportarse de manera humana" (DCE 31).

Además, nunca habrá un orden justo de la sociedad, de tal suerte que el amor de alguna manera se vuelve superfluo, porque el amor ofrece mucho más que solamente ayuda material. "El amor —*caritas*— siempre será necesario, incluso en la sociedad más justa...Siempre habrá sufrimiento que necesite consuelo y ayuda. Siempre habrá soledad...nunca habrá situaciones en las que no haga falta la caridad de cada cristiano individualmente, porque el hombre, más allá de la justicia, tiene y tendrá siempre necesidad de amor" (DCE 28-29).

(DCE 26-30; CV 6)

7. Entonces, ¿cuál es la relación entre la caridad y la justicia?

"No basta decir que la justicia no es extraña a la caridad, que no es una vía alternativa o paralela a la caridad: la justicia es «inseparable de la caridad», intrínseca a ella. La justicia es la primera vía de la caridad o, como dijo Pablo VI, su «medida mínima»"[1] (CV 6).

Justicia significa darle al otro lo que le corresponde. Caridad es ofrecer de lo mío a los demás. Por esto la caridad va mas allá de la justicia y a la caridad nunca le falta justicia. Si amo a los demás, primero debo ser justo con ellos; primero debo darles lo que es de ellos como lo establece la justicia.

(CV 6)

8. ¿Cuál es la relación entre la caridad y la verdad?

San Pablo habla sobre la necesidad de predicar y realizar la verdad con amor: "*veritas in caritate*" (cf. Ef 4,15). Sin caridad la predicación de la verdad se vuelve demasiado dura y fría; sin embargo, lo inverso tiene la misma importancia: *caritas in veritate,* la caridad en la verdad. *"Sin verdad, la caridad cae en mero sentimentalismo. El amor se convierte en un envoltorio vacío que se rellena arbitrariamente"* (CV 3). Como se ha dicho antes, la caridad es el corazón de la doctrina social de la iglesia y esta caridad debe estar siempre iluminada por la verdad. "*«Caritas in veritate» es el principio sobre el que gira la doctrina social de la Iglesia*" (CV 6).

(CV 1-6)

[1] Aquí la encíclica cita a Pabo VI, *Homilía para la «Jornada del desarrollo»* (23 agosto 1968) Acta Apostolicae Sedis 60 (1968), pags.626-627.

9. En el Antiguo Testamento ¿qué era lo peculiar en la revelación de Dios al pueblo de Israel?

En la progresiva revelación que Dios hace de Sí mismo a la humanidad, Su revelación al pueblo de Israel se destaca porque se presenta a Sí mismo como un Dios personal y con un amor personal por Su pueblo. Él escucha y responde al clamor de Su pueblo. *"He visto la humillación de mi pueblo en Egipto, y he oído sus quejas cuando lo maltrataban sus mayordomos. Me he fijado en sus sufrimientos, y he bajado, para librarlo del poder de los egipcios"* (Ex 3,7-8).

(CDSI 21; DCE 9)

10. ¿Qué enseña el Antiguo Testamento sobre las relaciones sociales?

La Torá no solo enseña sobre la fidelidad a Dios, también se refiere a las relaciones sociales entre las personas del pueblo de Israel. Los Diez Mandamientos particularmente iluminan los deberes esenciales del hombre y por lo tanto, indirectamente, también sus derechos fundamentales. Los Profetas llaman a interiorizar las enseñanzas de la Ley para hacer posible una progresiva universalidad de estas actitudes de justicia y solidaridad para que se extiendan a todas las personas.

(CDSI 22-25; DCE 9)

11. En el Nuevo Testamento, ¿cuál es la novedad sobre la revelación del amor de Dios por la humanidad?

Jesús proclama, "El que me ve a mí ve al Padre" (Jn 14,9). *"En otras palabras, Jesús manifiesta tangiblemente y de modo definitivo quién es Dios y cómo se comporta con los hombres"* (CDSI 28). La novedad del Nuevo Testamento no es una idea sino la persona de Cristo que revela el amor del Padre y nos revela que todos estamos llamados a ser hijos suyos en el Espíritu, y por lo tanto hermanos y hermanas entre nosotros.

(CDSI 28-31,33-37; DCE 12)

12. Al centro de las enseñanzas de Jesús se encuentra el doble mandamiento del amor a Dios y al prójimo, pero, ¿se puede ordenar que se ame a alguien?

Los sentimientos van y vienen pero la revelación del amor de Dios en Cristo deja en claro que el amor no es meramente un sentimiento. Jesús no exige de nosotros un sentimiento y Él no nos impone un mandamiento externo y arbitrario. *"Y, puesto que es Dios quien nos ha amado primero* (cf. 1 Jn 4,10), *ahora el amor ya no es sólo un «mandamiento», sino la respuesta al don del amor, con el cual viene a nuestro encuentro"* (DCE 1).

(CDSI 32; DCE 1, 17-18)

13. ¿A quiénes se extiende exactamente el "amor al prójimo"?

> "Hay que subrayar «la inseparable relación entre amor a Dios y amor al prójimo», que invita a todos a suprimir las graves desigualdades sociales y las enormes diferencias en el acceso a los bienes"[2] (Aparecida 358).

La parábola del Buen Samaritano universaliza el amor al prójimo de tal modo que quedan eliminados los límites ra-

---

[2] Aquí Aparecida cita DCE 16 y Benedicto XVI, *Discurso inaugural en Aparecida* 24.

ciales y geográficos. Jesús enseña que cada ser humano debe ser tratado como un otro yo, incluso si él o ella es un enemigo (cf Mt 5,43-44). El amor al prójimo se extiende a cada ser humano y de todos los niveles sociales, "*debe inspirar, purificar y elevar todas las relaciones humanas en la vida social y política*" (CDSI 33).

(CDSI 33, 40; DCE 14-15)

14. En la práctica y entre los miles de millones de personas que hay en el planeta ¿cómo identifico a "mi prójimo"?

Por el fenómeno de la globalización podemos conocer casi al instante las necesidades de los demás, aun en las regiones más remotas. Esta realidad llama a una nueva disponibilidad para ayudar ahora que nuestras obras de caridad pueden y deben extenderse a nuestros hermanos y hermanas alrededor del mundo. Al mismo tiempo, no podemos permitir que al estar informados de los problemas en el mundo, entremos en una parálisis en la que, abrumados por el enorme sufrimiento, nos resignamos a no hacer nada.

> "Mi prójimo es cualquiera que tenga necesidad de mí y que yo pueda ayudar. Se universaliza el concepto de prójimo, pero permaneciendo concreto. Aunque se extienda a todos los hombres, el amor al prójimo no se reduce a una actitud genérica y abstracta, poco exigente en sí misma, sino que requiere mi compromiso práctico aquí y ahora" (DCE 15).

(CDSI 33,40; DCE 15, 30-31)

15. Estamos llamados a amar a nuestro prójimo pero, ¿qué hay sobre nosotros mismos?

"Amarás a tu prójimo *como a ti mismo*" (Mc 12,31, énfasis agregado). Entonces, el amor a Dios y al prójimo no es una desvalorización de uno mismo. Las personas que han sido transformadas por el amor son capaces de transformar la sociedad. Cada uno debe atender a sus propias necesidades: materiales, sociales y especialmente espirituales. Hay una "prioridad reconocida a la conversión del corazón" (CDSI 42, citando CIglC 1888) en el camino que lleva a los cambios sociales, un camino que requiere de la gracia divina. "La transformación de la persona humana, en su progresiva conformación con Cristo, es el presupuesto esencial de una renovación real de sus relaciones con las demás personas" (CDSI 42).

(CDSI 41-44)

16. ¿Qué efecto tiene la concepción cristiana de la salvación del hombre sobre nuestro enfoque en la acción social?

Los cristianos creemos en una morada nueva y eterna preparada para cada ser humano, una tierra nueva en la que habita la justicia. "Esta esperanza, en vez de debilitar, debe más bien estimular la solicitud en el trabajo relativo a la realidad presente" (CDSI 56). Esta verdad, lejos de llevar a la pasividad, infunde en los Cristianos el deseo de anticipar en este mundo lo que será plenamente realizado en el mundo que vendrá. Aún más, creemos que la salvación que ofrece Jesucristo es para todas las personas y de toda la persona en todas sus dimensiones. Cristo no sólo redime al individuo, sino también las relaciones sociales existentes entre el hombre y la mujer. Cristo no nos ha dado solamente un ejemplo a seguir; él también ha transformado a cada uno de nosotros en nueva criatura y como nueva criatura, somos capaces mediante la gracia de caminar según "una vida nueva" (Rm 6,4).

(CDSI 38-41,52-58)

17. ¿Significa esto que esperamos alcanzar la plenitud de la salvación, la redención de las relaciones sociales, en el tiempo presente?

Esta salvación ya comienza a realizarse en la historia, sin embargo reconocemos que se completa en el futuro. Está caracterizada por una "relatividad escatológica", que es como decir: "ya, pero todavía no". Esto quiere decir que toda realización cultural, social, económica y política debe considerarse siempre como una realidad relativa y provisional. "Cualquier visión totalitaria de la sociedad y del Estado y cualquier ideología puramente intramundana del progreso son contrarias a la verdad integral de la persona humana y al designio de Dios sobre la historia" (CDSI 48).

(CDSI 38-39,48)

Capítulo 2

¿Qué es y qué no es la doctrina social en la misión de la Iglesia?

Arturo Bellocq

> "Porque tuve hambre y me disteis de comer; tuve sed y me disteis de beber. Fui forastero y me recibisteis en vuestra casa. Anduve sin ropas y me vestisteis. Estuve enfermo y vinisteis a visitarme. Estuve en la cárcel y me fuisteis a ver … En verdad os digo que cuando lo hicisteis con alguno de los más pequeños de estos mis hermanos, me lo hicisteis a mí".
>
> Mt 25, 35,40

A través de los tiempos, estas palabras han resonado en las conciencias de los cristianos, moviéndolos a abrir sus corazones y a extender sus manos a las necesidades de los demás. La preocupación por la humanidad, con el paso del tiempo, ha llevado a la Iglesia a desarrollar una doctrina social con sus propias fuentes, objetivos y particular naturaleza.

18. ¿Se interesa la Iglesia por la historia concreta de los hombres?

La Iglesia quiere hacer llegar la salvación de Dios a cada hombre concreto, allí donde se encuentre; por eso participa de los gozos y de las esperanzas, de las angustias y de las tristezas de los hombres, es solidaria con cada hombre y cada mujer, de cualquier lugar y tiempo, y les lleva la alegre noticia del Reino de Dios (cfr. CDSI 60; GS 1).

19. ¿Por qué se interesa la Iglesia por las relaciones sociales?

Porque la convivencia social (y con ella la política, la economía, el trabajo, el derecho, la cultura) a menudo determina la calidad de vida y, por ello, las condiciones en las que cada hombre y cada mujer se comprenden a sí mismos y deciden acerca de sí mismos y de su propia vocación. Por esta razón, la Iglesia no es indiferente a todo lo que en la sociedad se decide, se produce y se vive, a la calidad moral, es decir, auténticamente humana y humanizadora, de la vida social (cfr. CDSI 62).

20. ¿Tiene la Iglesia un mensaje propio acerca de las relaciones sociales?

Sí. Por la luz de la fe, la Iglesia conoce en profundidad el misterio del hombre, su origen y su fin, su verdadera felicidad y sus debilidades. Esta "visión global del hombre y de la humanidad", que la Iglesia *posee como algo propio* (cfr. PP 13) ilumina a su vez toda la compleja red de relaciones sociales. Anunciando el Evangelio, la Iglesia "enseña al hombre, en nombre de Cristo, su dignidad propia y su vocación a la comunión de las personas; y le descubre las exigencias de la justicia y de la paz, conformes a la sabiduría divina" (CIglC 2419).

> "El objeto primario de esta enseñanza social es la dignidad personal del hombre, imagen de Dios y la tutela de sus derechos inalienables (PP 14-21). La Iglesia ha ido explicitando sus enseñanzas en los diversos campos de la existencia, lo social, lo económico, lo político, lo cultural, según las necesidades. Por tanto, la finalidad de esta doctrina de la Iglesia —que aporta su visión propia del hombre y de la humanidad (PP 13) — es siempre la promoción de liberación integral de la persona humana, en su dimensión terrena y trascendente, contribuyendo así a la construcción del Reino último y definitivo, sin confundir, sin embargo, progreso terrestre y crecimiento del Reino de Cristo (GS 39)" (Puebla, n. 475).

21. Entonces, ¿el anuncio de una doctrina acerca de las relaciones sociales forma parte de la misión sobrenatural de la Iglesia?

"La misión propia que Cristo confió a su Iglesia no es de orden político, económico o social. El fin que le asignó es de orden religioso. Pero precisamente de esta misma misión religiosa derivan funciones, luces y energías que pueden servir para establecer y consolidar la comunidad humana según la ley divina" (GS 42). "Lo sobrenatural no debe ser concebido como una entidad o un espacio que comienza donde termina lo natural, sino como la elevación de éste, de tal manera que nada del orden de la creación y de lo humano es extraño o queda excluido del orden sobrenatural y teologal de la fe y de la gracia, sino más bien es en él reconocido, asumido y elevado" (CDSI 64).

22. La doctrina social de la Iglesia, ¿se ocupa de la vida social bajo todos sus aspectos?

No, la doctrina social tiene su *competencia propia, que es la del anuncio de Cristo Redentor del hombre*. Por tanto, no debe entrar en cuestiones técnicas —que corresponden a las ciencias humanas— ni proponer sistemas o modelos concretos de organización social, ni mucho menos emprender por cuenta propia la empresa política de realizar la sociedad más justa posible (cfr. CDSI 68). La construcción de una sociedad justa —con toda su complejidad técnica— es misión de la política, no de la Iglesia. Sin embargo, la visión del hombre y de su verdadero bien en Cristo que la Iglesia posee gracias a la fe, sirve a la "purificación de la razón", para que las exigencias de la justicia puedan ser reconocidas y puestas en práctica (cfr. DCE 28).

23. ¿Qué derecho tiene entonces la Iglesia a anunciar una doctrina social?

La Iglesia tiene no solo el derecho sino también el deber de anunciar su doctrina social, pues es parte constitutiva de la misión que Cristo le encomendó de ser *maestra de la verdad de fe*. Esta verdad que la Iglesia anuncia no solo comprende el dogma, sino también la verdad moral —incluidos los principios acerca del justo orden social— que brota de la misma naturaleza humana y del Evangelio, pues son necesarios para la salvación del hombre y para su felicidad en la tierra.

(CDSI 69-70; DH 14; CIC 747, §2).

24. La doctrina social de la Iglesia, ¿es un cuerpo de enseñanzas simple o complejo?

La doctrina social de la Iglesia no ha sido pensada desde el principio como un sistema orgánico, sino que se ha formado en el curso del tiempo, a través de las numerosas intervenciones del Magisterio sobre temas sociales (CDSI 72). Por este motivo constituye un cuerpo de doctrina *"rico y complejo"* (Juan Pablo II, *Conferencia de Puebla*, III, 7), donde principios de valor permanente se mezclan con enseñanzas que tienen una gran carga histórica y pastoral. Esta peculiaridad exige un discernimiento atento a la hora de determinar en qué medida una determinada enseñanza forma parte de la doctrina social de la Iglesia.

> "El aporte de la Iglesia a la liberación y promoción humana se ha venido concretando en un conjunto de orientaciones doctrinales y criterios de acción que solemos llamar «enseñanza social de la Iglesia». Tienen su fuente en la Sagrada Escritura, en la enseñanza de los Padres y grandes Teólogos de la Iglesia y en el Magisterio, especialmente de los últimos Papas. Como aparece desde su origen, hay en ellas elementos de validez permanente que se fundan en una antropología nacida del mismo mensaje de Cristo y en los valores perennes de la ética cristiana. Pero hay también elementos cambiantes que responden a las condiciones propias de cada país y de la época (GS nota 1)" (Puebla, n. 472).

25. ¿Es la doctrina social de la Iglesia una ideología?

A causa de su peculiar proceso de formación, muchas veces marcado por el enfrentamiento con otras concepciones del hombre y de su vida social, algunos llegaron a confundir la doctrina social de la Iglesia con una ideología, en el sentido de una propuesta concreta, al mismo nivel de otros proyectos de organización social. Sin embargo, el Magisterio ha aclarado que la doctrina social no pertenece al ámbito de la ideología, ni es una *tercera vía* entre capitalismo y socialismo, sino *teología* (cfr. SRS 41), pues es anuncio de la verdad de fe que ilumina el sentido último de las realidades sociales y muestra las exigencias del respeto debido a la persona humana.

> "Ni el Evangelio ni la Doctrina o Enseñanza Social que de él provienen son ideologías. Por el contrario, representan para éstas una poderosa fuente de cuestionamientos de sus límites y ambigüedades. La originalidad siempre nueva del mensaje evangélico debe ser permanentemente clarificada y defendida ante los intentos de ideologización" (Puebla, n. 540).

26. ¿Qué es entonces la doctrina social de la Iglesia?

La doctrina social de la Iglesia es "la *cuidadosa formulación* del resultado de una atenta reflexión sobre las complejas realidades de la vida del hombre en la sociedad y en el contexto internacional, a la luz de la fe y de la tradición eclesial. Su objetivo principal es *interpretar* esas realidades, examinando su conformidad o diferencia con lo que el Evangelio enseña acerca del hombre y su vocación terrena y, a la vez, trascendente, para *orientar* en consecuencia la conducta cristiana" (SRS 41).

> "La doctrina social de la Iglesia es la enseñanza del Magisterio en materia social y contiene principios, criterios y orientaciones para la actuación del creyente en la tarea de transformar el mundo según el proyecto de Dios. La enseñanza del pensamien-

to social de la Iglesia «forma parte de la misión evangelizadora» (SRS 41) y tiene «el valor de un instrumento de evangelización» (CA 54), porque ilumina la vivencia concreta de nuestra fe" (Santo Domingo, n. 157).

27. ¿Cuáles son las fuentes de la doctrina social de la Iglesia?

Como sucede en otros ámbitos de la teología, las fuentes de la doctrina social son la Revelación y la naturaleza humana, especialmente en su dimensión social. La fe *orienta* a la razón en su búsqueda del modo de organizar una sociedad digna del hombre, pero *no la sustituye* en su tarea de comprender los conceptos básicos y la dinámica propia de los distintos ámbitos de la vida social, que son objeto propio de la filosofía y de las ciencias sociales (cfr. CDSI 74-75).

28. ¿Entonces la doctrina social también entra en diálogo con las ciencias sociales?

Sí, aun colocándose a niveles distintos, la doctrina social necesita de las ciencias sociales para tener una comprensión adecuada de su objeto —las distintas realidades sociales. A la vez que respeta la legítima autonomía de las realidades terrenas y las distintas ciencias humanas que las estudian (cfr. GS 36), las invita a abrirse a la verdad más plena, que ella conoce por la fe, para que allí encuentren su sentido último y contribuyan al auténtico desarrollo del hombre (cfr. CDSI 76).

29. ¿Qué se entiende por "légítima autonomía de las realidades terrenas"?

La expresión se refiere al hecho de que las cosas creadas y los asuntos terrenos tienen sus propias leyes y valores que el hombre debe descubrir y respetar. Esto no quiere decir que sean independientes de Dios y del mensaje del Evangelio, pues existen límites morales que son siempre válidos: "la criatura sin el Creador desaparece" (GS 36). Por ejemplo, los mercados tienen sus propias leyes —como la ley de la oferta y la demanda—, que sin embargo están sujetas a las exigencias morales establecidas por Dios (cfr. CDSI 45).

> "La Iglesia reconoce la debida autonomía de lo temporal (GS 36), lo que vale para los gobiernos, partidos, sindicatos y demás grupos en el campo social y político. El fin que el Señor asignó a su Iglesia es de orden religioso y, por lo tanto, al intervenir en este campo no la anima ninguna intención de orden político, económico o social. «Precisamente de esta misma misión religiosa derivan funciones, luces y energías que pueden servir para establecer y consolidar la comunidad humana según la ley divina» (GS 42)" (Puebla, n. 519).

30. ¿Tiene la doctrina social de la Iglesia una doctrina política, económica, social, etc. propia?

No, la Revelación no contiene ninguna síntesis política, económica o de organización social —a nivel de ciencias sociales— que la Iglesia deba enseñar o promover. En estos campos, la fe invita a la razón a que investigue con honestidad y rigor las causas de los problemas y su mejor solución, *orientándola* con sus principios fundamentales sobre la vocación del hombre y su dimensión social, pero *sin comprometerse* ella misma con respuestas que, en muchos casos, son contingentes desde el punto de vista de las ciencias humanas (cfr. CDSI 72).

> "Este trabajo político no es competencia inmediata de la Iglesia. El respeto de una sana laicidad —incluso con la pluralidad de las posiciones políticas— es esencial en la tradición cristiana. Si la Iglesia comenzara a transformarse directamente en sujeto político, no haría más por los pobres y por la justicia, sino que haría menos, porque perdería su independencia y su autoridad moral, identificándose con una única vía política y con posiciones parciales opinables. La Iglesia es abogada de la justicia y de los pobres precisamente al no identificarse con los políticos ni con los intereses de partido. Sólo siendo independiente puede enseñar los grandes criterios y los valores inderogables, orientar las conciencias y ofrecer una opción de vida que va más allá del ámbito político. Formar las conciencias, ser abogada de la justicia y de la verdad, educar en las virtudes individuales y políticas, es la vocación fundamental de la Iglesia en este sector" (Benedicto XVI, Discurso inaugural en Aparecida).

> "Se han ido superando los riesgos de reducción de la Iglesia a sujeto político, con un mejor discernimiento de los impactos seductores de las ideologías" (Aparecida 99, b).

31. ¿Quién elabora la doctrina social de la Iglesia?

Como sucede en otros campos de la doctrina cristiana, la Iglesia misma como depositaria de la Revelación es el sujeto que elabora, difunde y enseña la doctrina social. Cada miembro de la comunidad eclesial —sacerdotes, religiosos y laicos; teólogos, hombres de ciencia y Pastores— contribuye según su carisma y su ministerio propio (cfr. CDSI 79). Sin embargo, solo el Magisterio tiene competencia para enseñar la doctrina social con autoridad. En este caso, el peso doctrinal de las diversas enseñanzas y el asenso que requieren depende de su naturaleza, de su grado de independencia respecto a elementos contingentes y variables, y de la frecuencia con la cual son invocados.

(CDSI 79-80)

32. ¿Tiene la doctrina social de la Iglesia elementos perennes y elementos contingentes?

Quizá más que en cualquier otro tratado de Teología, en la doctrina social de la Iglesia se entrelazan algunos principios perennes —pertenecientes a la Revelación y a la naturaleza inmutable del hombre— con muchas aplicaciones contingentes. Esto se debe a que las circunstancias culturales, políticas, económicas en las que la Iglesia debe anunciar su mensaje cambian constantemente, y también a que ella —a la par de la humanidad— comprende cada vez mejor las complejas realidades sociales y el aporte específico que el Evangelio puede ofrecerles (cfr. Benedicto XVI, *Discurso a la Curia Romana*, 22-XII-2005; CDF, Instr. *Donum Veritatis*, n. 24). Esta característica propia de la doctrina social exige un cuidadoso discernimiento por parte de sus destinatarios, pero lejos de ser una desventaja, es un signo de su capacidad de renovación a la vez que mantiene la continuidad en sus principios fundamentales (SRS 3).

(CDSI 80,85-86; SRS 3; DonVer 24)

33. ¿Cómo se articulan en la doctrina social de la Iglesia la denuncia y el anuncio?

Por su profundo conocimiento del hombre, la Iglesia tiene una sensibilidad especial para reconocer las violaciones de la dignidad de la persona y de los grupos sociales, y debe hacer oír su voz en defensa de los más desfavorecidos. Pero más allá de la *denuncia*, la Iglesia debe *anunciar* la verdad sobre el hombre y sobre la sociedad que ella posee como propia y las normas y directivas de acción que de ellas derivan. Con esta doctrina, la Iglesia no persigue fines de estructuración y organización de la sociedad, sino de exigencia, dirección y formación de las conciencias.

(CDSI 81)

> "Nuestra misión pastoral es esencialmente un servicio de inspiración y de educación de las conciencias de los creyentes, para ayudarles a percibir las responsabilidades de su fe, en su vida personal y en su vida social. Esta Segunda Conferencia General del Episcopado Latinoamericano señala las exigencias más importantes, teniendo en cuenta el juicio de valor que, sobre la situación económica y social del mundo de hoy, han hecho ya los últimos Documentos del Magisterio y que en el continente latinoamericano tienen plena vigencia" (Medellín, cap. 1, n. 6).

34. ¿Quiénes son los destinatarios de la doctrina social de la Iglesia?

Todos los miembros de la Iglesia son destinatarios de su doctrina social, pues todos deben dar su contribución a la construcción de una sociedad más justa, cada uno según su propia vocación. De modo especial se dirige a los fieles laicos, puesto que implica responsabilidades relativas a la construcción, la organización y el funcionamiento de la sociedad: obligaciones políticas, económicas, administrativas, es decir, de naturaleza secular, que pertenecen a los fieles laicos por la índole secular de su vocación, y no a los sacerdotes ni a los religiosos (CDSI 83). Además, la luz de la fe no priva a la doctrina social de plausibilidad racional, y por eso se dirige también a todos los hombres de buena voluntad que buscan modos cada vez más humanos de organizar la vida social.

(CDSI 83)

35. Cuando los laicos se esfuerzan por impregnar las realidades sociales de espíritu cristiano, ¿actúan en nombre de la Iglesia?

No, cuando los laicos ordenan según el espíritu del Evangelio las realidades terrenas no lo hacen en nombre de la Iglesia, sino como ciudadanos del Estado, bajo su propia responsabilidad (cfr. DCE 29). La Iglesia, por su misión religiosa, no está ligada a sistema político o económico alguno. Además, dada la contingencia de las materias sociales, para los laicos siempre existirá una legítima pluralidad de opciones temporales (GS 43,76).

> "Lo típicamente laical está constituido, en efecto, por el compromiso en el mundo, entendido éste como marco de solidaridad humana, como trama de acontecimientos y hechos significativos, en una palabra, como historia. Ahora bien, comprometerse es ratificar activamente la solidaridad en que todo hombre se halla inmerso, asumiendo tareas de promoción humana en la línea de un determinado proyecto social. El compromiso así entendido, debe

estar marcado en América Latina por las circunstancias peculiares de su momento histórico presente, por un signo de liberación, de humanización y de desarrollo. Por demás está decir que el laico goza de autonomía y responsabilidad propias en la opción de su compromiso temporal. Así se lo reconoce la *Gaudium et spes* cuando dice que los laicos «conscientes de las exigencias de la fe y vigorizados con sus energías, acometan sin vacilar, cuando sea necesario, nuevas iniciativas y llévenlas a buen término... No piensen que sus pastores estén siempre en condiciones de poderles dar inmediatamente solución concreta en todas las cuestiones, aún graves, que surjan. No es esta su misión. Cumplan más bien los laicos su propia función con la luz de la sabiduría cristiana y con la observancia atenta de la doctrina del Magisterio» (GS 43). Y, como lo dice el llamamiento final de la *Populorum Progressio*, «a los seglares corresponde, con su libre iniciativa y sin esperar pasivamente consignas y directrices, penetrar de espíritu cristiano la mentalidad y las costumbres, las leyes y las estructuras de la comunidad en que viven» (PP 81) (Medellín, cap. 10, n. 9).

"La realización concreta de esta tarea política fundamental se hace normalmente a través de grupos de ciudadanos que se proponen conseguir y ejercer el poder político para resolver las cuestiones económicas, políticas y sociales según sus propios criterios o ideologías. En este sentido se puede hablar de «política de partido». Las ideologías elaboradas por esos grupos, aunque se inspiren en la doctrina cristiana, pueden llegar a diferentes conclusiones. Por eso, ningún partido político por más inspirado que esté en la doctrina de la Iglesia, puede arrogarse la representación de todos los fieles, ya que su programa concreto no podrá tener nunca valor absoluto para todos" (Puebla, n. 523).

36. ¿Cuándo nace la doctrina social de la Iglesia?

La Iglesia siempre ha demostrado su solicitud por las realidades sociales y ha orientado la conducta de sus hijos en las cambiantes circunstancias históricas. A partir de la Revelación y gracias a las enseñanzas de los Padres y Doctores de la Iglesia, se fue formando en el tiempo un rico patrimonio de moral social cristiana. Sin embargo, los acontecimientos políticos y económicos del siglo XIX transformaron la sociedad de tal modo que hicieron necesario un nuevo esfuerzo de discernimiento acerca de los principios fundamentales del orden social. La emblemática encíclica *Rerum novarum* de León XIII es considerada como el inicio de este nuevo modo —orgánico y sintético— de afrontar los problemas sociales.

(CDSI 87-88, Juan Pablo II, *Alocución 13-V-1981*)

37. ¿Cuáles son los puntos centrales del magisterio social de León XIII?

En sus muchas encíclicas sociales y políticas, León XIII explica la doctrina cristiana acerca del poder temporal y de sus relaciones con el poder religioso, da su juicio sobre las nuevas formas de gobierno y de organización social, y ofrece criterios para la participación de los cristianos en la vida pública. Muchas de estas enseñanzas contienen elementos contingentes, propios de las circunstancias y de la mentalidad de la época, pero en su conjunto muestran los principios fundamentales de la fe en materia social. Especialmente importante es la encíclica *Rerum novarum*, que estudia en profundidad la *cuestión obrera*, fruto de las revoluciones económicas y políticas del s. XIX. El documento enumera los errores que provocan el mal social, excluye el socialismo como remedio y expone la doctrina sobre el trabajo, sobre el derecho de propiedad, sobre el principio de colaboración contrapuesto a la lucha de clases, sobre el derecho de los débiles, sobre la dignidad de los pobres y sobre las obligaciones de los ricos, sobre el perfeccionamiento de la justicia por la caridad, sobre el derecho a tener asociaciones profesionales.

(CDSI 89)

38. ¿Qué aportaron a la doctrina social las enseñanzas de Pío XI?

Durante su Pontificado, Pío XI debió afrontar graves crisis políticas y económicas, en las que supo orientar a los cristianos con importantes documentos. A breve distancia de la grave crisis económica de 1929, publica la encíclica *Quadragesimo anno* (1931), para conmemorar los cuarenta años de la *Rerum novarum.* En ella actualiza los principios cristianos en momentos en que a la industrialización se había unido la expansión del poder de los grupos financieros, en ámbito nacional e internacional. La encíclica rechaza tanto el socialismo como la ideología liberista, y confirma el valor de la propiedad privada insistiendo en su valor social. Especial importancia tienen las enseñanzas sobre el *principio de subsidiariedad* en las relaciones sociales y sobre el salario justo. Además, Pío XI no dejó de hacer oír su voz contra los regímenes totalitarios que se afianzaron en Europa durante su Pontificado. En 1931 protesta contra los atropellos del régimen fascista en Italia publicando la encíclica *Non abbiamo bisogno*; en 1937 escribe la encíclica *Mit brennender Sorge* rechazando la ideología y las medidas represivas del nazismo alemán; en el mismo año publica también la encíclica *Divini redemptoris* sobre el comunismo ateo.

(CDSI 91-92)

39. ¿Por qué se caracterizó el magisterio social de Pío XII?

A Pío XII tocó guiar la Iglesia en los tiempos de la Segunda Guerra Mundial y de la reconstrucción del orden social. No escribió ninguna encíclica social, pero manifestó constantemente, en numerosos contextos, su preocupación por el orden internacional trastornado. En sus múltiples discursos y radiomensajes sobre temas sociales, sus enseñanzas se centraron en la armónica relación que debe existir entre el derecho y la moral para lograr un orden social justo, a nivel nacional e internacional. Además, en muchos encuentros con personas de diversas categorías sociales y profesionales supo dar orientaciones concretas sobre el modo de contribuir al bien común.

(CDSI 93)

40. ¿Cuáles fueron las características del Pontificado de Juan XXIII en el ámbito de la doctrina social?

Por su personalidad y por su magisterio, Juan XXIII favoreció la proyección universal de la doctrina social de la Iglesia, en diálogo con todos los hombres de buena voluntad. En años marcados por la recuperación después de la guerra, el inicio de la descolonización, las primeras señales de diálogo entre los bloques americano y soviético, Juan XXIII sabe leer con profundidad los *signos de los tiempos*. Escribe dos encíclicas sociales: la *Mater et magistra* (1961), que actualiza los principios de la *Rerum novarum* para un contexto en el que los problemas sociales se universalizan, y se hace necesaria una palabra sobre el mundo de la agricultura, las relaciones entre países pobres y países ricos, el problema demográfico; y la *Pacem in terris* (1963) sobre las condiciones de la paz —nacional e internacional— y el respeto de los derechos humanos.

(CDSI 94-95)

41. ¿Qué importancia tiene el Concilio Vaticano II para la doctrina social?

El Concilio es un momento de especial importancia para la doctrina social de la Iglesia, pues se lleva a cabo una profunda reflexión sobre la misión de la Iglesia en el mundo y, por tanto, sobre su contribución a la solución de los problemas sociales. La constitución *Gaudium et spes* delinea el rostro de una Iglesia "íntima y realmente solidaria del género humano y de su historia" (GS 1), que camina con toda la humanidad y está sujeta, juntamente con el mundo, a la misma suerte terrena, pero que al mismo tiempo es "como fermento y como alma de la sociedad, que debe renovarse en Cristo y transformarse en familia de Dios" (GS 40). La *Gaudium et spes* estudia orgánicamente los temas de la cultura, de la vida económico-social, del matrimonio y de la familia, de la comunidad política, de la paz y de la comunidad de los pueblos, a la luz de la visión antropológica cristiana y de la misión de la Iglesia. Otro documento del Concilio de gran relevancia en el *corpus* de la doctrina social de la Iglesia es la declaración *Dignitatis humanae*, en el que se proclama el derecho a la libertad religiosa y, para fundamentarlo, se explican las relaciones entre el poder político y la religión.

(CDSI 96-97)

42. ¿Cuáles fueron los aportes de Pablo VI a la doctrina social de la Iglesia?

Pablo VI escribe dos importantes documentos sociales: la encíclica *Populorum progressio* (1967), donde explica la doctrina cristiana sobre el desarrollo, que debe ser integral, "de todo el hombre y de todos los hombres" (PP 14), y hace un fuerte llamado a los poderosos de la tierra para que sean solidarios con los más desfavorecidos; y la carta apostólica *Octogesima adveniens* (1971), en medio de un clima turbulento de contestación fuertemente ideológica dentro y fuera de la Iglesia, donde reflexiona sobre la sociedad post-industrial con todos sus complejos problemas, poniendo de relieve la insuficiencia de las ideologías para responder a estos desafíos: la urbanización, la condición juvenil, la situación de la mujer, la desocupación, las discriminaciones, la emigración, el incremento demográfico, el influjo de los medios de comunicación social, el medio ambiente.

(CDSI 98-100)

43. ¿Cuáles son los documentos sociales más importantes de Juan Pablo II?

El largo y fecundo Pontificado de Juan Pablo II fue muy rico en intervenciones sobre cuestiones sociales. Tres fueron sus encíclicas sociales: *Laborem exercens* (1981), sobre el trabajo humano, clave de toda la cuestión social, que no debe reducirse a su aspecto objetivo y material, sino que debe considerarse como el lugar donde se realiza la vocación personal, natural y sobrenatural; *Sollicitudo rei socialis* (1987), que retoma el tema del desarrollo para exponer su naturaleza moral y sus exigencias en el mundo contemporáneo, plantea con fuerza el sentido cristiano y humano de la solidaridad entre los distintos países y grupos sociales, y explica con detenimiento la naturaleza de la doctrina social de la Iglesia como disciplina teológica; por último, *Centesimus annus*, para conmemorar el centenario de *Rerum novarum* (1991), donde ofrece una análisis de la caída del comunismo y una profunda explicación de las ventajas de la democracia y de la economía de mercado, sin dejar de subrayar los riesgos que presentan cuando no se basan en una antropología adecuada.

(CDSI 101-103)

44. ¿Qué enseñanzas relevantes nos ha dejado el magisterio de Benedicto XVI en materia social?

Benedicto XVI ha escrito una encíclica social, *Caritas in veritate* (2009), donde analiza las causas de la profunda crisis cultural actual y propone un nuevo *humanismo cristiano*, centrado en la caridad como criterio fundamental de todas las relaciones sociales. Además, en numerosas intervenciones ha reflexionado sobre la misión de la Iglesia en la sociedad y la contribución que la fe puede dar a los problemas sociales, ayudando a la razón —amenazada por el relativismo— para que sea capaz de percibir las exigencias éticas.

45. ¿Cuáles son las principales características de las enseñanzas del Papa Francisco en materia social?

Con sus palabras y con gestos elocuentes, Francisco ha intentado promover —tanto dentro como fuera de la Iglesia— una profunda toma de conciencia de los graves problemas sociales y culturales de nuestro tiempo, recordando a todos los hombres de buena voluntad su responsabilidad personal y comunitaria. La pobreza evangélica —caracterizada por el desprendimiento de los bienes terrenos— y la atención a los más necesitados son dos criterios que deben estar siempre presentes en una sociedad que quiera ser digna del hombre. En su encíclica *Laudato si'* el Papa afronta muchos desafíos sociales contemporáneos desde la perspectiva de una "ecología integral" que sepa respetar todas sus dimensiones humanas y sociales. Frente a la cultura individualista actual, esta ecología reconoce que todo está conectado, y por tanto nuestras decisiones deben tener en cuenta los factores ecológicos, sociales y económicos, junto con una conciencia de nuestro origen común, nuestra pertenencia recíproca y nuestra responsabilidad hacia las futuras generaciones.

Capítulo 3

La dignidad de la persona humana como corazón y fundamento de la doctrina social de la Iglesia

Martin Schlag

"Y creó Dios al hombre a su imagen. A imagen de Dios lo creó. Varón y mujer los creó. Dios los bendijo diciéndoles: Sed fecundos y multiplicaos. Llenad la tierra y sometedla. Dominad sobre los peces del mar, sobre las aves del cielo y sobre todo ser viviente que se mueve sobre la tierra."

Gén 1,27-28

Cada persona humana ha sido creada a imagen de Dios, dotada de dignidad y derechos inalienables como también de deberes. La persona humana es el fundamento y la razón de ser de la sociedad, por lo tanto, es deber principal de cada sociedad defender y promover la dignidad humana en sus leyes e instituciones.

46. ¿Qué es la dignidad humana?

La dignidad humana es el primero y más importante de todos los principios sociales. Esta cualidad, que es inherente a cada persona humana, también puede expresarse diciendo que cada persona humana posee ciertos derechos inalienables desde el momento de la concepción. En la práctica, dignidad significa que ningún ser humano puede ser degradado o reducido a ser un mero instrumento para fines que son ajenos a su desarrollo personal. En particular, la vida humana de una persona y su dignidad no deben ser sacrificadas con el fin de llevar a cabo investigaciones científicas o por objetivos económicos, militares, sociales o políticos.

(CDSI 133)

47. La dignidad humana, ¿sólo prohíbe la degradación de los demás?

No. Esto es sólo el núcleo o la mínima expresión de dignidad humana. Esa mínima expresión implica la protección de cada persona en contra de un trato degradante por parte de otras personas o por parte de la sociedad en general. En este sentido, la dignidad humana no se pierde, ni siquiera la pierde el peor de los criminales. Esto se debe a que la dignidad humana no se gana ni es otorgada por otra persona: la dignidad humana simplemente se posee. Más allá de esto, la dignidad humana también tiene una dimensión positiva que es su máxima expresión moral: cada ser humano está llamado a la excelencia moral y debe esforzarse por desarrollarla expresando su dignidad a través de una vida virtuosa. Por el contrario, una persona puede desfigurar su dignidad humana cuando actúa por debajo de ella. En este sentido, la dignidad humana es más una cuestión de vivir virtuosamente, que la posesión de derechos.

(CDSI 133-134)

"Dentro de esta amplia preocupación por la dignidad humana, se sitúa nuestra angustia por los millones de latinoamericanos y latinoamericanas que no pueden llevar una vida que responda a esa dignidad" (Aparecida 391).

48. Antes de pensar en las consecuencias de la dignidad humana en la ética social, debemos comprender el significado de "sociedad". ¿Qué es una sociedad?

"Una *sociedad* es un grupo de personas ligadas de manera orgánica por un principio de unidad que supera a cada una de ellas. Asamblea a la vez invisible y espiritual, una sociedad perdura en el tiempo: recoge el pasado y prepara el porvenir" (CIglC 1880). Dicho de manera simple, una sociedad es un grupo de personas unidas por un bien común.

(CIglC 1880)

49. ¿Por qué existen las sociedades?

Las personas se unen en una sociedad por utilidad (comparten fines comunes) o por amistad. "Es por amor al bien propio y al de los demás que el hombre se une en grupos estables, que tienen como fin la consecución del bien común" (CDSI 150). "Algunas sociedades como la familia y la ciudad, corresponden más inmediatamente a la naturaleza del hombre.

Le son necesarias" (CIglC 1882). Sin embargo, una sociedad se puede volver opresiva y totalitaria. Por esto, la Iglesia enseña que las leyes sociales deben estar de acuerdo con la voluntad de Dios, la única fuente verdadera de nuestra libertad. La Iglesia también resalta el principio de subsidiariedad para evitar la opresión. Los seres humanos no son idénticos, cada uno de nosotros buscamos la felicidad de diferentes maneras. El pluralismo social es sano mientras se mantenga dentro de los límites de las leyes morales de Dios que nos muestran el camino hacia la verdadera felicidad.

(CDSI 150-151)

50. ¿De dónde viene la dignidad humana?

La dignidad humana proviene del hecho de que cada hombre y cada mujer es la imagen viva de Dios y está llamado a la vida eterna. A pesar de que con el pecado hemos desfigurado la imagen de Dios que se podría ver en nosotros, no está completamente destruida; Cristo, la imagen perfecta de Dios, ha recreado la naturaleza humana y la ha unido a Dios en el Espíritu Santo.

(CDSI 105)

> "El pecado está minando la dignidad humana que Cristo ha rescatado. … Él nos hace tomar conciencia del pecado contra la dignidad humana que abunda en América Latina; en cuanto este pecado destruye la vida divina en el hombre, es el mayor daño que una persona puede inferirse a sí misma y a los demás. Jesucristo, en fin, nos ofrece su gracia, más abundante que nuestro

pecado. De Él nos viene el vigor para liberarnos y liberar a otros del misterio de iniquidad" (Puebla 330).

51. ¿Qué significa ser creado a imagen de Dios?

Significa que cada ser humano aunque parezca frágil y poco importante a los ojos humanos, representa a Dios en la tierra: "En verdad les digo que, cuando lo hicieron con alguno de los más pequeños de estos mis hermanos, me lo hicieron a mí" (Mt 25,40). Cada persona es un ser singular y único. Con cada niño que es concebido algo maravilloso llega a este mundo: simplemente por el hecho de ser, cada persona tiene el derecho a existir.

(CDSI 131)

"Por esto, la Iglesia denuncia la práctica de la discriminación y del racismo en sus diferentes expresiones, pues ofende en lo más profundo la dignidad humana creada a «imagen y semejanza de Dios»" (Aparecida 533).

52. ¿Qué más podemos aprender de la Biblia sobre la dignidad humana?

Aprendemos que Dios creó al hombre y a la mujer como seres individuales con libertad y responsabilidad y al mismo tiempo como personas que se relacionan.

(CDSI 108)

"En el rostro de Jesucristo, muerto y resucitado, maltratado por nuestros pecados y glorificado por el Padre, en ese rostro doliente y glorioso, podemos ver, con la mirada de la fe el rostro humillado de tantos hombres y mujeres de nuestros pueblos y, al mismo tiempo, su vocación a la libertad de los hijos de Dios, a la plena realización de su dignidad personal y a la fraternidad entre todos" (Aparecida 32)[3].

53. ¿Qué significa ser "seres individuales"?

Ser seres individuales significa que un ser humano existe como un "yo", capaz de autocomprenderse, autoposeerse y autodeterminarse. La persona humana es una entidad subjetiva, poseedora de conciencia y libertad, cuyas experiencias de vida únicas no son idénticas a ninguna otra. La persona, incluyendo su cuerpo, es encomendada a sí misma, siendo por lo tanto moralmente responsable de sus propios actos.

(CDSI 127, 131)

54. ¿Por qué las relaciones son tan importantes para nosotros si somos seres individuales?

La dignidad humana no puede explicarse separada de nuestra relación con Dios, con las otras personas y la creación. Ni siquiera nuestra inteligencia o autonomía, nuestro ser individual, personalidad o cualidades personales pueden establecer suficientemente nuestra dignidad. La Biblia nos enseña que cada persona humana fue creada en relación con Dios: tenemos dignidad porque podemos relacionarnos con Dios como sus hijos amados. Ninguna otra creatura (excepto los ángeles) pueden hacer ésto. La totalidad de nuestra vida y de nuestra

[3] Aquí Aparecida cita a Juan Pablo II, *Carta Apostólica Novo Millennio Ineunte,* 25 y 28.

dignidad es esencialmente y constitutivamente una respuesta al amor de Dios. "La persona humana es un ser personal creado por Dios para la relación con Él, que solo en esta relación puede vivir y expresarse, y que tiende naturalmente hacia Él"[4] (CDSI 109).

(CDSI 109)

55. ¿Si hemos sido creados a imagen de Dios, hemos por lo tanto también sido creados a imagen de la Santísima Trinidad?

Sí. La Biblia expresa que Dios originalmente creó a la persona humana en una relación de hombre y mujer: Dios creó al ser humano como una pareja, como un "nosotros" llamados a una mutua comunión. Este "nosotros" es una imagen del Dios trino. En el Espíritu Santo cada Persona Divina se entrega a Sí Misma completamente a las otras dos Personas. De manera análoga, como seres humanos nos descubrimos a nosotros mismos como personas con dignidad, solo a través de la sincera donación de nosotros mismos.

(CDSI 111; CV 53-55)

> "Desde su Concepción Inmaculada hasta su Asunción, [María] nos recuerda que la belleza del ser humano está toda en el vínculo de amor con la Trinidad, y que la plenitud de nuestra libertad está en la respuesta positiva que le damos" (Aparecida 141).

---

[4] Aquí el Compendio hace referencia a Juan Pablo II, *Evangelium Vitae,* Carta encíclica (Ciudad del Vaticano: Libreria Editrice Vaticana, 1995), 35; CIglC 1721.

56. ¿Y qué pasa con las personas que no están casadas? ¿Son capaces de vivir este llamado a relacionarse?

Sí. Somos seres relacionales y sociales por naturaleza. Vivir en comunidad es una característica natural que distingue al hombre de otras creaturas terrestres. Desde el inicio de su existencia, la persona humana está llamada a vivir en sociedad. Aquellos que renuncian al matrimonio por el Reino de Dios porque han recibido el llamado al celibato, comprenden completamente este llamado a la comunión, cada uno de acuerdo a su propia vocación, ya sea el sacerdocio, la vida religiosa consagrada o como laico.

(CDSI 110, 112-114, 149)

57. El ser humano es social por naturaleza, pero, ¿cómo ha afectado el pecado nuestras relaciones?

La soberbia, el egoísmo y otros pecados hacen que nos encerremos en nosotros mismos y nos impulsan a dominar a nuestro prójimo. Todos hemos pecado, pero también todos hemos sido redimidos por la muerte de Cristo y por su resurrección. El realismo cristiano ve el abismo del pecado, pero lo vemos a la luz de la esperanza dada por el acto de redención de Jesucristo por el cual la muerte y el pecado están destruidos. Esta esperanza es mucho más grande que cualquier maldad.

(CDSI 120-123, 150)

58. ¿Qué consecuencias tiene el pecado en la vida social?

El pecado es una herida doble que afecta al hombre en lo mas íntimo de su ser y a sus relaciones con los demás. En la raíz de las dolorosas divisiones personales y sociales siempre está el pecado, por eso podemos hablar del pecado en sus dimensiones personal y social. Cada pecado es esencialmente el acto personal de un individuo, sin embargo, un pecado es también social en cuanto tiene consecuencias sociales. Por lo tanto, la gracia sanadora de Dios también se extiende a la vida social para redimir las relaciones humanas.

(CDSI 116-117)

59. ¿A caso existen también estructuras sociales pecaminosas o estructuras de pecado que desfiguran la felicidad humana?

Sí. Cada pecado en contra de la justicia que debemos a otros, es un pecado social. Cuando muchos repiten estos pecados se forma una estructura de pecado que se expande y crece. Así, estas estructuras sociales de pecado se vuelven costumbres sociales e incluso se convierten en leyes. Las consecuencias del pecado por lo tanto perpetúan las estructuras de pecado, las cuales se fortalecen y se vuelven fuentes de otros pecados que condicionan el pensamiento y conducta humana oponiéndolos a la voluntad de Dios y al bien del prójimo. Las estructuras del pecado "tienen su raíz en el pecado personal y por tanto, están siempre relacionadas con actos concretos de las personas que las originan, las consolidan y las hacen difíciles de eliminar" (CDSI 119).

(CDSI 118-119)

60. ¿Cómo podemos superar las estructuras de pecado?

Las estructuras de pecado se pueden superar cuando con valentía nos oponemos a ellas y las denunciamos individualmente y conjuntamente con otros miembros de la sociedad. Las acciones conjuntas son especialmente necesarias para cambiar la cultura en la que vivimos y lograr un impacto a nivel estructural.

(CDSI 118)

61. ¿Qué significa la dignidad humana para la ética social?

Comprender que la dignidad humana es el primero y mayor principio social, significa que le debemos a cada ser humano el respeto y reconocimiento de su propio ser. Comprender la dignidad humana, también significa que tal respeto y reconocimiento no son consecuencia de la ley civil, por el contrario, la dignidad humana ya existía antes de la formación de la sociedad. La sociedad existe para proteger y respaldar la dignidad humana. Toda sociedad debe aceptar y defender la dignidad humana a través de sus leyes y de todo medio justo que esté disponible, empezando por la protección de la vida de los inocentes, porque la dignidad humana no es otorgada por una decisión humana, sino que es un regalo de Dios. El principio social de dignidad humana, por lo tanto, también significa que el reconocimiento de cada uno y de todos los seres humanos como persona es independiente de los esfuerzos o méritos de la persona. Contrariamente al prestigio social y a la estima, la dignidad, como núcleo mínimo, no se puede obtener, es un don de Dios.

(CDSI 153)

62. ¿Qué implicancias tiene esto para una sociedad?

Una sociedad es justa únicamente en la medida en que está basada en el respeto por la trascendente dignidad de la persona humana. La sociedad está ordenada a la persona humana como su último fin.

(CDSI 132)

63. ¿Qué importancia tiene la dignidad humana para la doctrina social de la Iglesia?

El principio de la inviolable dignidad de la persona humana representa el corazón y el alma del pensamiento social de la Iglesia. La totalidad de la doctrina social de la Iglesia se desarrolla a partir de ella y afirma la centralidad de la persona humana en cada sector y expresión de la sociedad. La persona humana es su "sujeto, su fundamento y su fin"[5] (CDSI 106).

(CDSI 106-107)

64. ¿Es aceptado universalmente el principio de la dignidad humana?

Cada vez hay más declaraciones y acuerdos internacionales que proclaman el principio de la dignidad humana. Sin embargo, este principio está siempre en peligro debido a las múltiples concepciones reductivas de la persona humana. Algunas de estas concepciones son de carácter ideológico o simplemente son el resultado de malas prácticas que se han generalizado. El

---

[5] Aquí el Compendio hace referencia a Pio XII, Radiomensaje, 24 de diciembre de 1944, 5, *Acta Apostolicae Sedis,* 37 (1945).

denominador común de estas concepciones reductivas es que enfatizan exageradamente solo una de las características del hombre y la mujer como imagen de Dios y lo hacen a expensas de las otras. Así, se puede exagerar el individualismo, como por ejemplo en el materialismo práctico que sacrifica al no nacido y al enfermo por un deseo individual; o la relacionalidad, como en el colectivismo. La doctrina social de la Iglesia, mantiene el equilibrio entre estas dos características.

(CDSI 124-125)

65. La enseñanza de la Iglesia sobre la dignidad humana, ¿no es una ideología?

No, la doctrina social de la Iglesia no es una ideología porque está basada en la verdad sobre el hombre que ha sido revelada por Dios. En la fe cristiana, Dios es revelado como la verdad, (cf. Jn 14,6) que al mismo tiempo es amor (cf. 1 Jn 4,8). Ya que amor y verdad en Dios son lo mismo, la verdad que la Iglesia enseña sobre el hombre y la sociedad, no se debe imponer con violencia. De hecho, la dignidad humana como principio proviene más del amor que de la justicia. Aun así, requiere de leyes para protegerla.

(CDSI 126)

66. ¿Cuál es la misión de la Iglesia con respecto a la dignidad humana?

La misión pastoral de la Iglesia con respecto a la dignidad humana tiene dos dimensiones: una es la proclamación del fundamento cristiano de la dignidad humana y la otra, la denuncia de su violación. Desafortunadamente, la historia de la humanidad está llena de los más aborrecibles y horrendos rechazos a la dignidad humana. Para ser más efectiva en su misión, la Iglesia está abierta "a la colaboración ecuménica, al diálogo con las demás religiones, a los contactos oportunos con los organismos gubernamentales y no gubernamentales, a nivel nacional e internacional. La Iglesia confía sobre todo en la ayuda del Señor y de su Espíritu que, derramado en los corazones, es la garantía más segura para el respeto de la justicia y de los derechos humanos y, por tanto, contribuir a la paz" (CDSI 159).

(CDSI 159)

67. ¿Qué otros principios importantes forman parte del principio de la dignidad humana?

La libertad y la igualdad son parte del principio de la dignidad humana.

68. ¿Por qué la libertad es tan importante en la fe cristiana?

La libertad es importante para la fe cristiana porque solamente en libertad podemos creer y amar a Dios. Dios nos ha dado libertad como una de las más altas manifestaciones de que hemos sido creados a su imagen.

(CDSI 136)

> "La creación lleva la marca del Creador y desea ser liberada y «participar en la gloriosa libertad de los hijos de Dios»" (Rm 8,21)» (Aparecida 27).

69. ¿Qué es la libertad?

Hablamos de la libertad de diferentes maneras y efectivamente hay diferentes tipos de libertad. Podemos hablar de estar libres de opresiones físicas o de amenazas de opresiones físicas (cadenas, violencia, miedos, etc.). Otro tipo de libertad es la libertad interior y psicológica a través de la cual somos capaces de hacer lo que reconocemos como bueno sin estar sometidos a las pasiones desordenadas, a las adicciones y otras similares. La forma más alta de libertad se alcanza cuando la persona se da cuenta de su llamado al don de sí mismo por amor. Esta forma más elevada de libertad y dignidad fue revelada y realizada por Jesucristo en la cruz.

(CDSI 143; Mensaje de Juan Pablo II, Angelus en Berlín, 23 de junio de 1996)

70. ¿Existe un vínculo entre la libertad y la ley moral?

Sí. La libertad humana nos pertenece como criaturas; es una libertad que se nos ha dado como un don, como una semilla que debe ser cultivada. Dios nos ha dado leyes morales como una orientación: siguiéndolas la naturaleza humana y la sociedad dan frutos. Cuando pretendemos ser los creadores y maestros absolutos del bien y del mal, la libertad muere destruyendo al hombre y a la sociedad.

(CDSI 138)

> "Caminos de muerte son los que llevan a dilapidar los bienes recibidos de Dios a través de quienes nos precedieron en la fe. Son caminos que trazan una cultura sin Dios y sin sus mandamientos o incluso contra Dios, animada por los ídolos del poder,

la riqueza y el placer efímero, la cual termina siendo una cultura contra el ser humano y contra el bien de los pueblos latinoamericanos" (Aparecida 13).

71. ¿Qué significa Jesús para nuestra libertad?

Jesús verdaderamente nos libera. Muy frecuentemente, de manera intencional o por debilidad, pecamos. La libertad humana (aquí entendida como determinación personal) por lo tanto necesita ser liberada. Esto lo hace Cristo quien venció al pecado y a la muerte, quien nos llamó a la vida y nos da la gracia de liberarnos del amor desordenado a nosotros mismos.

(CDSI 143)

"La igualdad entre los seres humanos en su dignidad, por ser creados a imagen y semejanza de Dios, se afianza y perfecciona en Cristo. Desde la Encarnación, al asumir el Verbo nuestra naturaleza y sobre todo su acción redentora en la cruz, muestra el valor de cada persona. Por lo mismo Cristo, Dios y hombre, es la fuente más profunda que garantiza la dignidad de la persona y de sus derechos. Toda violación de los derechos humanos contradice el Plan de Dios y es pecado" (Santo Domingo, Conclusiones 164).

72. Las buenas acciones mejoran nuestra libertad. ¿Cómo sabemos lo que es bueno para la persona humana y para la sociedad?

Sabemos lo que es bueno y malo porque podemos reconocer la ley moral natural a través de la luz de nuestro intelecto y, además, a través de la revelación Divina. Esta ley es universal porque se extiende a todas las personas. En sus preceptos principales, la ley divina y natural está presente en los Diez Mandamientos; nos indica las normas esenciales y principales que regulan la vida moral en la sociedad, y no cambia. "Se sustenta en la tendencia y sumisión a Dios, fuente y juez de todo bien, y en el sentido de igualdad de los seres humanos entre sí. La ley natural expresa la dignidad de la persona y pone la base de sus derechos y de sus deberes fundamentales"[6] (CDSI 140).

(CDSI 140)

> "La persona busca siempre la verdad de su ser, puesto que es esta verdad la que ilumina la realidad de tal modo que pueda desenvolverse en ella con libertad y alegría, con gozo y esperanza" (Aparecida 42).

73. ¿No existen muchas culturas en el mundo con diferentes convicciones morales?

La mayoría de las culturas adhiere a los principios básicos de la ley natural. Sin embargo, no todos, dentro o fuera de esas culturas, reconocen sus preceptos. Por esto Dios también los ha revelado. La ley natural, que es la ley de Dios, no se puede anular por el pecado del hombre o por la mayoría de los ciudadanos en una democracia. La ley moral natural presenta los fundamentos morales indispensables para cada comunidad humana y para las leyes civiles.

(CDSI 141-142)

[6] Aquí el Compendio hace referencia a CIglC 1956.

74. ¿Por qué todos los seres humanos son iguales?

Todos los seres humanos son iguales en el sentido que todos tienen la misma dignidad como creaturas hechas a imagen y semejanza de Dios. El hecho de que el Hijo de Dios tomó la naturaleza humana refuerza esta igualdad de dignidad: "Ya no hay diferencia entre judío y griego, entre esclavo y hombre libre; no se hace diferencia entre hombre y mujer, pues todos son uno solo en Cristo Jesús" (Gál 3,28). La dignidad de cada persona ante Dios es "el fundamento último de la radical igualdad y fraternidad entre los hombres, independientemente de su raza, nación, sexo, origen, cultura y clase" (CDSI 144).

(CDSI 144)

75. ¿Qué significa la igualdad como principio para el ordenamiento de la sociedad?

Todas las personas son iguales con respecto a su dignidad y derechos fundamentales, pero no con respecto a sus méritos, sus necesidades y sus funciones. Como principio social y particularmente como principio legal, igualdad no significa uniformidad. Para ser iguales y justas, las leyes deben tratar diferentes realidades de acuerdo a sus diferencias y a las realidades idénticas de acuerdo a sus similitudes. Una ley que trata diferentes asuntos de igual manera o asuntos similares de manera diferente, es una ley discriminatoria e injusta. Por lo tanto, situaciones similares deben ser tratadas con similitud y situaciones diferentes deben ser tratadas de manera diferente. Por ejemplo, por la dignidad humana, la vida de cada persona debe ser protegida. Sería una discriminación injusta establecer diferencias en la protección de la vida de cada persona debido, por ejemplo, a su edad. Sin embargo, hay ciertas áreas en las que tiene sentido hacer distinciones debido a la edad. Por ejemplo, con respecto al voto, el servicio militar y otras responsabilidades civiles, las distinciones de acuerdo a la edad tienen sentido y no son injustas.

76. Pero, ¿no son todas las desigualdades injustas?

No. Hay muchas desigualdades naturales que no son injustas: todos nacemos con talentos diferentes, en diferentes lugares y tiempos, etc. Además, cada ser humano nace en una particular situación política, económica y social, por lo que las desigualdades son inevitables hasta cierto punto. La falta de reconocimiento de estas desigualdades, desanimaría las iniciativas necesarias para que ciertos talentos y posesiones se puedan poner al servicio de los demás. Los diferentes niveles de esfuerzos realizados y méritos alcanzados, inevitablemente producen ciertas desigualdades.

Las desigualdades se vuelven injustas cuando son el resultado de prácticas ilegales o inmorales, métodos injustos, favoritismos o amiguismos. La tarea de las autoridades públicas y de la sociedad en general, es promover condiciones de igualdad de oportunidades, por ejemplo, promoviendo una competencia social justa y accesos a los cuidados de salud y a la educación.

(EG 202)

> "Es una contradicción dolorosa que el Continente del mayor número de católicos sea también el de mayor inequidad social" (Aparecida 527).

77. El hombre y la mujer, ¿son iguales?

Sí. El hombre y la mujer son iguales en dignidad. Al mismo tiempo, existen ciertas "diferencias de igualdad" entre las personas masculinas y femeninas. Hay algo específico y único en la feminidad que es diferente de lo que es único y específico en la masculinidad. Además, "esta diversidad en la igualdad es enriquecedora e indispensable para una armoniosa convivencia humana" (CDSI 146). Asegurar la legítima presencia de la mujer en la Iglesia, los lugares de trabajo y en la sociedad toda, no es solamente un asunto para reconocer y promover su igualdad de dignidad, sino también para reconocer y promover lo que es específico y único en ella.

(CDSI 146-148)

"En una época de marcado machismo, la práctica de Jesús fue decisiva para significar la dignidad de la mujer y su valor indiscutible: habló con ellas (cf. Jn 4,27), tuvo singular misericordia con las pecadoras (cf. Lc 7,36-50; Jn 8,11), las curó (cf. Mc 5,25-34), las reivindicó en su dignidad (cf. Jn 8,1-11), las eligió como primeras testigos de su resurrección (cf. Mt 28,9-10), e incorporó mujeres al grupo de personas que le eran más cercanas (cf. Lc 8,1-3)" (Aparecida 451).

Tema especial: bioética

Prof. Pau Agulles

78. ¿Es la protección de la vida importante para el desarrollo humano?

Sí. La vida es un bien que, por su misma naturaleza, está en el fundamento de todos los valores humanos, derechos y obligaciones. Si la vida no es respetada, es violada o se permite su eliminación, será imposible el desarrollo humano. La vida es siempre un bien, y de esto se sigue una implicación moral: cualquier atentado contra la misma es siempre un mal. Esto se puede formular por medio de un imperativo normativo absoluto: "no matarás".

(CDSI 155-156; EV 40-41; 52-57)

"La fidelidad a Jesús nos exige combatir los males que dañan o destruyen la vida, como el aborto, las guerras, el secuestro, la violencia armada, el terrorismo, la explotación sexual y el narcotráfico" (Aparecida Sección 4, Discipulado misionero al servicio de la vida).

79. ¿Por qué se afirma que hay un deber de preservar el bien de la vida y de la salud humana?

De la afirmación de la dignidad y sacralidad de la vida humana, y del principio de la inviolabilidad de ésta, deriva el deber positivo general de promover la vida y la salud. La salud es un bien que sigue al de la vida y a ella se ordena. Es ordinariamente una condición necesaria para el desarrollo de nuestras tareas, también las espirituales. Cuidar la propia salud y la de los demás es un deber de responsabilidad hacia la vida que nos ha sido confiada, propia y ajena. Es un deber hacia Dios (de respeto hacia su obra creadora), hacia los demás (parientes, hijos, cónyuge y sociedad) y también es un deber de caridad hacia uno mismo. El cuidado de la salud no es razonable cuando se convierte en un fin en sí mismo, culto del cuerpo o instrumento de deterioro moral. La responsabilidad moral sobre el cuerpo y la salud comprende el deber de proveer: la nutrición adecuada; la vestimenta con su función protectora, expresiva y social; un lugar digno donde habitar; la higiene y el reposo; los cuidados médicos oportunos y necesarios. Las autoridades públicas y la sociedad en general son, en parte, también responsables sobre estos deberes.

(CIglC 2288-2289; EV 71)

80. ¿Es adecuado hablar de la bioética como una cuestión de justicia?

Sí. En las relaciones humanas, la virtud de la justicia tiene un papel fundamental; ésta consiste en dar a cada uno (a las personas y a la sociedad) lo que le corresponde por derecho. La bioética trata un tipo específico de estas relaciones que concierne a la vida humana y la salud. Por lo tanto, la bioética no es simplemente una cuestión de aplicar una lista de normas para casos específicos; es primero y principalmente el hecho de actuar con justicia hacia la vida humana.

(EV 13, 57, 66, 101)

> "[Pedimos] a las universidades católicas que organicen programas de bioética accesibles a todos y tomen posición pública ante los grandes temas de la bioética" (Aparecida 469d).

81. ¿Por qué el aborto es un asunto "social" y no sólo una cuestión de moralidad individual?

El impacto de las leyes y de la tolerancia generalizada por el aborto van más allá de cada caso individual de aborto. Las leyes y las instituciones que promueven el aborto acarrean una disminución del respeto a la vida y por lo tanto a la maternidad, y también una actitud de permisividad sexual. "En este sentido, el aborto va más allá de la responsabilidad de las personas concretas y del daño que se les provoca, asumiendo una dimensión fuertemente social: es una *herida* gravísima causada a la sociedad y a su cultura" (EV 59). A menudo las mujeres se sienten presionadas para abortar por las demandas de sus profesiones, por parte de sus amistades e incluso de su misma familia. La promoción de programas de ayuda social para las madres y familias en situación de angustia, es una medida importante para contrarrestar estas presiones y para contribuir a la construcción de una cultura de vida.

(EV 26, 59; CV 28; LS 120)

82. ¿Qué repercusión social y política tienen leyes como las que permiten el aborto o la eutanasia?

El Estado moderno debe tener como fin primario la tutela del bien fundamental de la vida, y la consiguiente obligación de garantizar la prohibición *absoluta* de eliminar voluntariamente la vida humana, aún en las difíciles situaciones "límites". Cuando este bien no se respeta, como por ejemplo en el caso del aborto o de la eutanasia, se desmorona el fundamento mismo del Estado, y con él su autoridad. Además, la experiencia de los países con historia de aborto y eutanasia legalizados, proveen evidencia de lo que se llama "pendiente resbaladiza", lo que empieza como una excepción para una situación difícil, abre la puerta a prácticas generalizadas que terminan siempre en mayores abusos contra la vida humana.

(EV 72-74; Juan XXIII, PT 51;
CDF, *Declaración sobre el Aborto Provocado,* 22, 1974)

> "Esperamos que los legisladores, gobernantes y profesionales de la salud, conscientes de la dignidad de la vida humana y del arraigo de la familia en nuestros pueblos, la defiendan y protejan de los crímenes abominables del aborto y de la eutanasia; ésta es su responsabilidad" (Aparecida 436).

83. ¿Qué dice la Iglesia sobre el suicidio?

La Iglesia sostiene que, al igual que el homicidio, siempre es moralmente inaceptable. Es cierto que pueden existir determinados condicionamientos psicológicos, culturales y sociales que puedan atenuar o incluso anular la responsabilidad subjetiva de la persona que lo cometió. Sin embargo, el reconocer estos condicionamientos, no debe ser una connotación positiva sobre el suicidio, sino más bien el surgir de un profundo entendimiento de la medida del amor de Dios a la luz de la ley que aplica a todos los pecados. Aún en los casos más desesperados, el suicidio es la destrucción de la imagen viva de Dios. Es la renuncia al amor a uno mismo y a los deberes de justicia y de caridad hacia el prójimo y hacia la sociedad, así como un rechazo de la soberanía absoluta de Dios sobre la vida y la muerte. El llamado "suicidio indirecto", en cambio, designa aquellos comportamientos que, con el fin de conseguir un bien importante o necesario, comportan un grave peligro para la vida, y no tienen una valoración moral negativa (frecuentemente se encuentran en esta situación policías, bomberos o médicos).

(CIglC 2281-2283; EV 66; IB I)

84. ¿Por qué la Iglesia se opone a la eutanasia?

La eutanasia es una violación grave de la ley de Dios por que mata deliberadamente a una persona inocente, usando los medios que sean. La vida humana y su dignidad son bondades intrínsecas sin importar la calidad de vida; una persona enferma tiene la misma dignidad que una persona sana; por lo tanto, terminar con una vida inocente es siempre un mal moral. El derecho legítimo de autodeterminación no se extiende a la vida misma, mas bien, a la manera en que uno vive esa vida. Aun más, como se ha mencionado anteriormente, la aceptación de la eutanasia en casos especiales, está sujeta a transformarse en una pendiente resbaladiza que lleva a más abusos y causa una grave herida en la sociedad, especialmente en la actitud de la sociedad hacia los enfermos y moribundos.

(EV 65; IB)

85. El embrión humano, ¿merece la misma protección legal que los seres humanos adultos?

Como ha demostrado la biología, el embrión humano constituye un ser humano completo desde el momento de la concepción. A lo largo de su desarrollo todos los cambios que tienen lugar son de tipo cuantitativo (ej.: tamaño, número de células, etc.) nunca cualitativo (ej.: un nuevo ser o un ser diferente). Desde la unión de los dos gametos, el embrión formado es un ser de la especie humana que constituye una novedad biológica (es distinto del padre y de la madre, pero *como* ellos), cuyo crecimiento es continuo y relativamente autónomo. De ésto se desprende que, igual que no es lícita la eliminación voluntaria de un ser humano inocente ya nacido, tampoco lo es la del no nacido. Las constituciones y leyes que protegen la vida humana deberían, por tanto, tutelarla también en sus primeras fases del desarrollo, especialmente en el seno materno, momento en el que esta vida es máximamente inocente, desprotegida y dependiente.

(EV 58; DonVit I; DP 1-5;
CDF, *Declaración sobre el Aborto Provocado,* III, V, 1974)

86. ¿Cuáles son los principales problemas políticos relacionados con el aborto?

El principal problema de índole ético-político que plantea la legalización del aborto, es la introducción de una grave discriminación e injusticia. Esta situación jurídica dispone de modo arbitrario que un conjunto (los no nacidos) sean excluidos del grupo de ciudadanos y de personas a quienes protege. La sociedad existe para servir a la persona humana, por esto el desprecio del derecho a la vida de algunos seres humanos, se contrapone irreparablemente con la posibilidad de realizar el bien común social.

(EV 72)

87. ¿Existen casos en los que un político católico puede votar a favor de una ley que permite el aborto?

Cuando no fuese posible abolir completamente una ley ya existente que permite el aborto, un político, manifestando clara y abiertamente su oposición al aborto, podría lícitamente ofrecer el propio sostén a propuestas que tuvieran como objetivo limitar los daños de tal ley y disminuir sus efectos en la cultura y en la moralidad pública. De este modo, no se está cooperando ilícitamente al mal del aborto o a la ley que lo permite, sino que se está ejerciendo un legítimo intento de abolir parcialmente (todo lo posible aquí y ahora) sus aspectos inicuos. Condición para la licitud moral de esta actuación es así mismo, que no se cause escándalo o confusión en las conciencias.

(EV 73)

88. ¿Cuál es la doctrina básica de la Iglesia acerca de la procreación artificial?

Los principios morales fundamentales que defiende la Iglesia en materia de procreación artificial son:

1) que la intervención médica en la procreación humana exige ante todo el respeto de la vida humana que se está gestando: el embrión debe ser tratado como persona desde la misma fecundación;

2) que la procreación humana debe tener lugar en el matrimonio entre un hombre y una mujer, llegando a ser los esposos padre y madre sólo el uno a través del otro, y como fruto del acto conyugal: el acto amoroso específico de la unión corporal y espiritual de los esposos, como único acto digno de suscitar una nueva vida en el mundo;
3) que la intervención médica respete la dignidad de las personas cuando tiende a *ayudar* al acto conyugal a alcanzar su fin natural o, una vez realizado normalmente, a alcanzar su fin propio; y
4) la gravedad moral de las intervenciones médicas que no respetan estos principios, se evalúa en base al grado en el que sustituye el acto conyugal en vez de asistirlo.

(DonVit; DP 12-13)

89. Entonces, ¿qué tecnologías de reproducción no están en línea con la moral cristiana?

Los métodos que no están en línea con la moral cristiana incluyen las técnicas de fecundación artificial extracorpórea (como la FIVET o la ICSI), las técnicas de inseminación artificial heteróloga, (en la que el donante no es uno de los esposos) así como la inseminación artificial homóloga (en la que el donante es el esposo) en la que el esperma es recogido independientemente del acto conyugal.

A parte de los motivos que hemos señalado anteriormente, muchas de estas técnicas tienen algunos agravantes muy serios, como que a menudo se producen embriones de reserva, que después se crioconservarán y se dejarán morir o se usarán para la investigación; que frecuentemente se recurre a la reducción embrionaria cuando se han implantado con éxito en el útero más embriones de los previstos; la selección eugenésica que se sigue a estas técnicas; y otros atentados contra la dignidad del niño como la maternidad subrogada o los úteros de alquiler, el comercio de gametos, etc.

(DonVit II; DP 14-22)

90. ¿Qué dice la Iglesia acerca de la investigación con células madre?

La Iglesia sostiene que, con las actividades biotecnológicas, el hombre ejercita de modo excelente su cualidad de señor de la creación, transformando y ordenando sus muchos recursos a favor de la dignidad y del bienestar de la persona humana y de toda la raza humana. Bajo esta perspectiva, la investigación con células madre merece respeto y aliento. Las perspectivas que ha abierto este nuevo campo biomédico son muy esperanzadoras.

Los mayores problemas morales de este tipo de actividades aparecen cuando no se respeta la vida humana. Esto sucede, en concreto, en la investigación con células madre embrionarias, en las que se destruyen embriones (normalmente provenientes de las técnicas de reproducción artificial) para la obtención de algunas de sus células. El uso de estas células, para estudios clínicos o investigaciones por terceras personas, involucra serios problemas morales debido a la participación de estas terceras partes en la cooperación con este mal y en la promoción de las llamadas "estructuras de pecado."

(DP 31-33; Academia pontificia para la vida. *Declaración sobre la producción y uso científico y terapeútico de las células estaminales embrionarias humanas,* 2000)

91. ¿Qué dice la Iglesia sobre los tratamientos médicos; es necesario prolongar la vida a toda costa? ¿Y qué sobre los pacientes estables que no pueden alimentarse de modo "natural"?

Cada persona tiene la obligación moral de cuidar de su propia salud. Los siguientes principios ayudan a clarificar la aplicación concreta de este principio general: la obligación ética general de curarse y dejarse curar, en el caso de los enfermos estables que no pueden alimentarse de modo "natural":

1) ningún procedimiento se debe llevar a cabo para acelerar la muerte de modo directo o intencionado, evitando así toda forma de eutanasia o suicidio;
2) se deben evitar también los medios desproporcionados o fútiles, que en determinados casos podrían derivar en ensañamiento terapéutico, atormentando innecesariamente al enfermo y ofendiendo su dignidad;
3) pedir no ser sometido a determinadas intervenciones médicas o solicitar ser sometido a otras, puede ser un derecho perfectamente legítimo del paciente: la renuncia a ciertos tratamientos no tiene por qué equivaler al suicidio o a la eutanasia, sino que a menudo manifestará, en cambio, la aceptación de la condición humana frente a la muerte: por eso es importante distinguir la intencionalidad propia de una omisión que busca directamente la muerte, de aquella que supone la aceptación del advenimiento natural del fin de la vida;
4) un paciente no debe renunciar o ser privado de los *medios ordinarios y proporcionales* que se consideran "mí-

nimos" y que están orientados a mantener la vida y proveer consuelo físico y psicológico. Se suelen considerar como tales la alimentación e hidratación del enfermo, la ayuda a la respiración, el suministro de analgésicos, las curas mínimas, la higiene, los cambios posturales, etc.

(USCCB, *Preguntas y respuestas sobre las respuestas de la Santa Sede con respecto a la nutrición y alimentación de pacientes en "estado vegetativo"*, 2007.)

92. ¿Qué problemas morales plantea el trasplante de órganos y su comercio?

La donación de órganos es un acto generoso y elogiable que ofrece la posibilidad de salud y de vida para algunos pacientes. Para que la donación de órganos sea moralmente lícita debe cumplir con ciertos principios:

1) cualquier práctica que se proponga la comercialización de los órganos o su consideración como unidad de venta o intercambio es moralmente inaceptable, pues supone el uso del cuerpo como un objeto, y viola la misma dignidad de la persona humana;
2) cualquier acto de donación requiere el consentimiento informado;
3) los órganos vitales solamente se pueden extraer *ex cadavere*, esto es, del cuerpo de individuos muertos y con la certeza moral de que han muerto, y
4) respecto al acceso a los trasplantes a través de listas de espera, en relación con la disponibilidad de los

órganos, habrá que seguir criterios estrictamente inmunológicos y clínicos, y nunca discriminatorios (como la edad, sexo, raza, religión, condición social, etc.) o utilitarios (como la capacidad laboral, la utilidad social del paciente, etc.)

(EV 86; DP 34-35; Juan Pablo II, *Discurso en el 18.° Congreso Internacional de la Sociedad de Trasplantes,* 2000)

Capítulo 4

Los principios de la doctrina social de la Iglesia

Gregorio Guitián

> "La doctrina social de la Iglesia propone principios de reflexión, extrae criterios de juicio, da orientaciones para la acción".
>
> Catecismo de la Iglesia Católica, 2423

Con el crecimiento de la comunidad cristiana y con los cambios en las circunstancias sociales, los cristianos fueron llamados al desafío de estar a la altura de las responsabilidades sociales y políticas. Su vocación cristiana los llevó a buscar orientación en la Biblia y en la Tradición viva de la Iglesia; en ellas descubrieron los principios y valores que gobiernan la vida cristiana en sociedad. Sin embargo, los cristianos también comprendieron que además de la Revelación, la razón era igualmente necesaria para poder aplicar estos principios correctamente. Por lo tanto, también desarrollaron criterios prácticos de sabiduría y orientaciones de acción.

93. ¿Cuáles son los principios permanentes o fundamentales de la Doctrina social de la Iglesia?

Los principios permanentes o fundamentales de la Doctrina Social de la Iglesia son el principio de la *dignidad de la persona humana*, que es el fundamento de todos los demás principios y contenidos de la Doctrina Social de la Iglesia, el principio del *bien común*, el principio de *subsidiaridad* y el principio de *solidaridad*

(CDSI 160).

94. ¿Qué características tienen estos principios?

Los principios fundamentales de la Doctrina Social de la Iglesia tienen cuatro características:

1) tienen *validez permanente* aunque cambien las circunstancias sociales;
2) son "los *fundamentos últimos y ordenadores de toda la vida social*" (CDSI 163) haciendo de estos principios la base de toda la doctrina social porque se refieren a toda la realidad social en su conjunto: política, económica, legal, relaciones entre las distintas comunidades de un pueblo y relaciones internacionales;
3) los principios forman una *unidad* articulada que no admite un uso parcial de ninguno de ellos: entre los principios hay una "mutua conexión, reciprocidad y com-

plementariedad" (CDSI 162) de forma que no se puede afirmar uno sin afirmar los demás principios, ni negar uno sin que los demás se resientan y

4) los principios permanentes son siempre el *punto de referencia de los juicios y orientaciones de carácter moral* de la Doctrina Social de la Iglesia.

(CDSI 161-163; Congregación para la Educación Católica: dimensión religiosa de la educación en la Escuela Católica, 1988, 29-42)

95. ¿Por qué tienen estos principios un valor permanente?

Estos principios fundamentales tienen validez permanente porque son la expresión de la antropología cristiana, es decir, de la verdad íntegra sobre el hombre, conocida a través de la razón e iluminada por la fe. Constituyen "la primera articulación de la verdad de la sociedad que interpela a toda conciencia" (CDSI 163); son verdades sobre las cuales la Iglesia ha reflexionado sabiamente a lo largo de los siglos dándoles una fundamentación, clarificación y configuración cada vez más exactas.

(CDSI 160,163)

96. Además de los principios permanentes, ¿qué otros principios forman la Doctrina Social de la Iglesia?

De los principios permanentes se derivan el principio del destino universal de los bienes, el principio de participación y la opción preferencial por los pobres.

(CDSI 197)

97. ¿En qué consiste el principio del bien común?

Como consecuencia de la dignidad, unidad e igualdad de todas las personas, la meta prioritaria de toda sociedad es la consecución del bien común, que consiste en "el conjunto de condiciones de la vida social que hacen posible a las asociaciones y a cada uno de sus miembros el logro más pleno y más fácil de la propia perfección" (CDSI 164 citando GS 26). El bien común tiene como elementos esenciales el respeto a la persona, la paz, el bienestar social y el desarrollo integral. "Como el actuar moral del individuo se realiza en el cumplimiento del bien, así el actuar social alcanza su plenitud en la realización del bien común. El bien común se puede considerar como la dimensión social y comunitaria del bien moral" (CDSI 164).

(CDSI 164-165; CIglC 1907-1909; GS 26)

98. ¿Qué características tiene el bien común?

El bien común tiene cinco características:

1) es, precisamente y ante todo, *común*: sólo se consigue, acrecienta y custodia juntos, es decir, con el esfuerzo conjunto de todos los miembros de una sociedad. Además, es común porque es el bien de todos, de cada persona y de toda la persona. Por lo tanto, no es la mera suma del bien particular de cada uno de los miembros de la sociedad;
2) es *indivisible*: puede ser participado por cada uno pero no se puede dividir entre los miembros de una sociedad;
3) está siempre *orientado al logro de los fines últimos de la persona*;

4) *tiene una dimensión trascendente*, que da cumplimiento a su dimensión histórica. Puesto que Dios es el fin último de sus criaturas no puede privarse al bien común de su dimensión trascendente: el bien común no es sólo bienestar socioeconómico, también tiene una dimensión espiritual;
5) es un bien *arduo* "porque exige la capacidad y la búsqueda constante del bien de los demás como si fuese el bien propio" (CDSI 167).

(CDSI 164-165, 167, 170)

"Se deja de lado la preocupación por el bien común para dar paso a la realización inmediata de los deseos de los individuos, a la creación de nuevos y, muchas veces, arbitrarios derechos individuales, a los problemas de la sexualidad, la familia, las enfermedades y la muerte" (Aparecida 44).

99. ¿Quién tiene la responsabilidad de alcanzar el bien común?

Por sus características "el bien común es un deber de todos los miembros de la sociedad: ninguno está exento de colaborar, según las propias capacidades, en su consecución y desarrollo"[7] (CDSI 166). Además de todas las personas es también responsabilidad del Estado, "porque el bien común es la razón de ser de la autoridad política"[8] (CDSI 168).

(CDSI 167-168; CIglC 1908)

---

[7] Aquí el Compendio hace referencia a MM 62-67; OA 46; CIglC 1913.
[8] Aquí el Compendio hace referencia a CIglC 1910.

100. ¿Cuáles son los deberes de la comunidad política respecto al bien común?

Los deberes de la comunidad política son:

1) garantizar la cohesión, unidad y organización de la sociedad civil;
2) esforzarse por "hacer accesibles a las personas los bienes necesarios —materiales, culturales, morales, espirituales— para gozar de una vida auténticamente humana" (CDSI 168);
3) armonizar y conciliar los bienes particulares de los grupos y de las personas, "no sólo según las orientaciones de la mayoría, sino con la perspectiva del bien efectivo de todos los miembros de la comunidad civil, incluidas las minorías" (CDSI 169). Esta última es una delicada tarea que toca especialmente a los gobernantes.

(CDSI 168-169)

101. ¿En qué consiste el principio del destino universal de los bienes?

Este principio se basa en que Dios ha creado todo lo que existe y ha dado la tierra al hombre y a la mujer para que la dominen con su trabajo y gocen de sus frutos (cfr. Gén 1,28-29). El principio del destino universal de los bienes está en la base del ordenamiento ético-social y se formula así: "Dios ha destinado la tierra y cuanto ella contiene para uso de todos los hombres y pueblos. En consecuencia, los bienes creados deben llegar a todos en forma equitativa bajo la égida de la justicia y con la compañía de la caridad" (CDSI citando GS 69).

(CDSI 171; GS 69)

102. ¿Qué consecuencias principales tiene el principio del destino universal de los bienes?

Son dos las consecuencias principales: el derecho universal al uso de los bienes y la función social de la propiedad.

103. ¿En qué consiste el derecho universal al uso de los bienes?

Consiste en que todo hombre tiene derecho a "los bienes materiales que responden a sus necesidades primarias y constituyen las condiciones básicas para su existencia" (CDSI 171). Con otras palabras, es el derecho a "la posibilidad de gozar del bienestar necesario para su pleno desarrollo" (CDSI 172). Se trata de un derecho *natural*, es decir, inscrito en la naturaleza del hombre, *originario* y *prioritario* respecto a cualquier intervención humana sobre los bienes, a cualquier ordenamiento jurídico de dichos bienes y a cualquier sistema y método socioeconómico.

(CDSI 171-173)

104. ¿Qué es la función social de la propiedad?

El destino universal de los bienes también tiene como consecuencia la función social de cualquier forma de posesión privada. La función social de la propiedad significa que el hombre "no debe tener las cosas exteriores que legítimamente posee como exclusivamente suyas, sino también como comunes, en el sentido de que no le aprovechen a él solamente, sino también a los demás" (CDSI 178 citando GS 69). Siguiendo el ejemplo de Jesucristo, la función social de la propiedad lleva a velar con particular solicitud por los pobres, los marginados y las personas cuyas condiciones de vida les impiden un crecimiento adecuado. Esto se llama la *opción preferencial por los pobres.*

(CDSI 178, 182; CIglC 2444; MM 19; GS 69)

> "El destino universal de los bienes exige la solidaridad con la generación presente y las futuras. Ya que los recursos son cada vez más limitados, su uso debe estar regulado según un principio de justicia distributiva respetando el desarrollo sostenible" (Aparecida 126).

105. ¿Qué significa "opción preferencial por los pobres"?

"Para la Iglesia la opción por los pobres es una categoría teológica antes que cultural, sociológica, política o filosófica. Dios les otorga «su primera misericordia»" (EG 198). Esta especial preocupación por los pobres se debe traducir en una concreta responsabilidad social; debe orientarse hacia el modo de vivir y las decisiones, especialmente aquellas concernientes al uso de los bienes materiales que se poseen.

(CDSI 182-184; EG 198)

> "Afirmamos la necesidad de conversión de toda la Iglesia para una opción preferencial por los pobres, con miras a su liberación integral" (Puebla 1134).
>
> "La opción preferencial por los pobres está implícita en la fe cristológica en aquel Dios que se ha hecho pobre por nosotros, para enriquecernos con su pobreza" (Benedicto XVI, Discurso inaugural en Aparecida).
>
> "La opción preferencial por los pobres tiene como objetivo el anuncio de Cristo Salvador que los iluminará sobre su dignidad, los ayudará en sus esfuerzos de liberación de todas sus carencias

y los llevará a la comunión con el Padre y los hermanos, mediante la vivencia de la pobreza evangélica" (Puebla 1153).

106. El derecho universal al uso de los bienes, ¿quiere decir que la propiedad privada es injusta?

No. El principio del destino universal de los bienes no se opone al derecho de propiedad privada. La propiedad privada y las otras formas de dominio privado de los bienes son necesarias para la autonomía personal y familiar y para lograr una política económica auténticamente social y democrática. No obstante, "la tradición cristiana nunca ha aceptado el derecho a la propiedad privada como absoluto e intocable" (CDSI 177) sino como un instrumento al servicio del destino universal de los bienes, subordinado a él y con una función social intrínseca. "En efecto sobre ella grava «una hipoteca social»" (SRS 42)[9].

(CDSI 177; LE 14; PP 22-23; SRS 42)

107. Entonces, ¿cómo se concilian el derecho al uso universal de los bienes y la propiedad privada?

De dos modos. Primero: lo que la Doctrina Social de la Iglesia propone es "que todos se conviertan, al menos en cierta medida, en propietarios" (CDSI 176); que las personas, mediante su trabajo, puedan acceder a una propiedad, ejerciendo así el derecho universal al uso de los bienes. Para poder asegurar el ejercicio justo y ordenado del derecho universal al uso de los bienes es necesario *un ordenamiento jurídico* nacional e interna-

---

[9] Aquí Juan Pablo II cita su discurso de apertura de la III Conferencia General del Episcopado Latinoamericano en Puebla, 1979

cional que especifique el ejercicio de este derecho y reglamente el derecho de propiedad. Merece particular atención, sobre todo en los países en vías de desarrollo o que han salido de sistemas colectivistas o de un proceso de colonización, la justa distribución de la tierra. Segundo: la propiedad privada y el destino universal de los bienes se concilian mediante la respuesta moral de cada persona y de los pueblos, "donde cada uno pueda dar y recibir" (CDSI 175 citando LC 90). La función social de la propiedad acarrea la obligación de los propietarios de no dejar las propiedades inoperantes, sino que destine los bienes poseídos a actividades productivas "confiándolos incluso a quien tiene el deseo y la capacidad de hacerlos producir" (CDSI 178).

(CDSI 175-180)

108. ¿Se aplica también la función social de la propiedad privada a los conocimientos o lo que llamamos propiedad intelectual?

Sí. La Doctrina Social de la Iglesia reconoce que hoy más que nunca, el uso práctico de los conocimientos y de la tecnología se está volviendo cada vez más decisivo, ya que la riqueza de las naciones cada vez depende más de la propiedad intelectual de la que se es dueño. Por eso, en atención al destino universal de los bienes, "los nuevos conocimientos técnicos y científicos deben ponerse al servicio de las necesidades primarias del hombre" (CDSI 179).

(CDSI 179)

109. ¿En qué consiste el principio de subsidiaridad?

El principio de subsidiaridad se funda en la dignidad humana y protege la inalienable libertad de la persona. En su formulación original, que se remonta a la encíclica *Quadragesimo anno* (cfr. QA 78), este principio consiste en que "una estructura social de orden superior no debe interferir en la vida interna de un grupo social de orden inferior, privándola de sus competencias, sino que más bien debe sostenerla en caso de necesidad y ayudarla a coordinar su acción con la de los demás componentes sociales, con miras al bien común" (CA 48). En un sentido positivo, la subsidiaridad, "otorga libertad para el desarrollo de las capacidades presentes en todos los niveles, pero al mismo tiempo exige más responsabilidad por el bien común a quien tiene más poder" (LS 196). La palabra subsidiaridad procede del Latín "subsidium" —ayuda—, y por tanto se refiere a una actitud de apoyo, promoción, y desarrollo. "Dicha ayuda se ofrece cuando la persona y los sujetos sociales no son capaces de valerse por sí mismos, implicando siempre una finalidad emancipadora, porque favorece la libertad y la participación a la hora de asumir responsabilidades" (CV 57).

(CDSI 185-186; CA 48; CV 57; QA 78; LS 196)

110. ¿Es toda forma de asistencia un ejercicio de subsidiaridad?

No, sólo aquellas acciones que permiten "a todos los pueblos el llegar a ser por sí mismos artífices de su destino" (PP 65) y a "que asuman a su vez deberes" (CV 43) son manifestación auténtica de la ayuda subsidiaria, porque solo la ayuda que reconoce en la persona a "un sujeto siempre capaz de dar algo a los otros" (CV 57) respeta la dignidad de la persona. Lo opuesto a la subsidiaridad es el "asistencialismo paternalista" a través del cual "al intervenir directamente y quitar responsabilidad a la sociedad... provoca la pérdida de energías humanas y el aumento exagerado de los aparatos públicos, dominados por lógicas burocráticas más que por la preocupación de servir a los usuarios, con enorme crecimiento de los gastos" (CA 48).

(CDSI 187; CA 48, CV 43,57, PP 65)

111. Desde el punto de vista de la sociedad, ¿cuál es el objetivo del principio de subsidiaridad?

El principio de subsidiaridad promueve la sociedad civil, entendida como la suma de relaciones que forman el tejido social y constituyen "la base de una verdadera comunidad de personas, haciendo posible el reconocimiento de formas más elevadas de sociabilidad"[10] (CDSI 185). Es imposible promover la dignidad de la persona sin mostrar preocupación por la familia y las asociaciones de diversa índole que hacen posible que las personas alcancen un efectivo crecimiento social. El principio de subsidiaridad garantiza que la expresión, capacidades e iniciativas de estos grupos no se destruyan o sean absorbidas por organizaciones sociales de rango más alto.

(CDSI 185; CIglC 1882)

[10] Aquí el Compendio hace referencia a CA 49; SRS 15.

112. ¿Qué implicaciones concretas tiene el principio de subsidiaridad?

En primer lugar, la subsidiaridad busca "una adecuada responsabilización del ciudadano para «ser parte» activa de la realidad política y social del país" (CDSI 187) esto es, facilitar que todas las personas den su contribución al bien común, "porque toda persona, familia y cuerpo intermedio tiene algo de original que ofrecer a la comunidad" (CDSI 187). Como consecuencia, las implicaciones concretas del principio de subsidiaridad incluyen: "la promoción efectiva del primado de la persona y de la familia, la valoración de las asociaciones y de las organizaciones intermedias; (...) el impulso a la iniciativa privada (...); la salvaguardia de los derechos de los hombres y de las minorías; la descentralización burocrática y administrativa" (CDSI 187). Todo esto siempre debe llevarse a cabo en el marco del bien común, que debe dirigir la aplicación de este principio.

(CDSI 187-190)

113. ¿Qué límites concretos impone el principio de subsidiaridad?

El principio de subsidiaridad tiene el objetivo de evitar "las formas de centralización, de burocratización, de asistencialismo, de presencia injustificada y excesiva del Estado y del aparato público, (...) la ausencia o el inadecuado reconocimiento de la iniciativa privada, incluso económica, y de su función pública" (CDSI 187). Los monopolios que "creen rémoras u obstáculos al desarrollo" (CDSI 351) son ejemplos de estructuras que violan el principio de subsidiaridad.

(CDSI 187, 351; CA 48)

114. ¿Qué funciones especiales corresponden al Estado conforme al principio de subsidiaridad?

Además de la promoción de las aplicaciones concretas de la subsidiaridad ya mencionadas, corresponde al Estado actuar para proveer ciertas funciones de suplencia y siempre con miras al bien común. En ese sentido corresponde al Estado actuar ante situaciones "de grave desequilibrio e injusticia social, en las que sólo la intervención pública puede crear condiciones de mayor igualdad, de justicia y de paz" (CDSI 188). Igualmente toca al Estado la promoción de la economía cuando resulta imposible a la sociedad civil asumir la iniciativa. Sin embargo, "esta suplencia institucional no debe prolongarse y extenderse más allá de lo estrictamente necesario" (CDSI 188).

(CDSI 188)

115. ¿En qué consiste el principio de participación?

La participación está estrechamente ligada al principio de subsidiaridad y es su primera consecuencia. Consiste en el deber moral del ciudadano de contribuir, como individuo o asociado a otros, a la vida cultural, económica, política y social de la comunidad civil a la que pertenece. La participación se ejerce en los distintos y variados ámbitos de la vida social. Este principio requiere prestar una especial atención a favorecer la participación de aquellos ciudadanos que se encuentran en situaciones más desfavorecidas.

(CDSI 189; GS 75)

116. ¿Qué importancia tiene la participación en la vida comunitaria?

La participación en la vida comunitaria es una de las mayores aspiraciones del ciudadano, uno de los pilares de todos los ordenamientos democráticos y una de las mejores garantías de permanencia de la democracia: "toda democracia debe ser participativa"[11]. Como consecuencia, los diversos sujetos de la comunidad civil, en cualquiera de sus niveles, deben ser informados, escuchados e involucrados en las tareas que corresponden a la sociedad civil (CDSI 190).

(CDSI 190)

117. ¿Cuáles son los obstáculos a la participación?

En primer lugar, "el difundido desinterés por todo lo que concierne a la esfera de la vida social y política" (CDSI 191) que lleva a "limitarse a la expresión de la opción electoral, llegando aun en muchos casos a abstenerse"[12] (CDSI 191). A este respecto, "las acusaciones de arribismo, de idolatría del poder, de egoísmo y corrupción que con frecuencia son dirigidas a los hombres del gobierno, del parlamento, de la clase dominante, del partido político, como también la difundida opinión de que la política sea un lugar de necesario peligro moral, no justifican lo más mínimo ni la ausencia ni el escepticismo de los cristianos en relación con la cosa pública" (CFL 42). Son también un obstáculo las distintas formas de egoísmo que llevan a los ciudadanos a contratar con las

---

[11] Aquí el Compendio hacer referencia a CA 46.

[12] Aquí el Compendio hace referencia a GS 30-31; CA 47.

instituciones las condiciones más ventajosas para sí mismos, casi como si éstas estuviesen al servicio de las necesidades egoístas" (CDSI 191). Por último, amenazan el principio de participación los regímenes totalitarios o dictatoriales que niegan de raíz a los ciudadanos el derecho fundamental a la participación, o aquellos que lo reconocen formalmente, pero impiden su ejercicio real.

(CDSI 191-192; CFL 42; GS 30-31)

118. ¿En qué consiste la solidaridad?

La solidaridad es a la vez un principio y una virtud moral. Como *principio* consiste en que "el hombre junto con sus hermanos está obligado a contribuir al bien común de la sociedad a todos sus niveles" (LC 73). Se trata de "uno de los principios básicos de la concepción cristiana de la organización social y política" (CA 10) y está estrechamente ligado a los principios de dignidad humana, bien común, destino universal de los bienes y subsidiaridad (cfr. CDSI 195; CV 58). El principio de solidaridad da lugar también a la *virtud* moral de la solidaridad que es "la determinación firme y perseverante de empeñarse por el bien común; es decir, por el bien de todos y cada uno para que todos seamos verdaderamente responsables de todos" (SRS 38).

(CDSI 195; CV 58; LC 73; CA 10; SRS 38)

> "De nuestra fe en Cristo, brota también la solidaridad como actitud permanente de encuentro, hermandad y servicio, que ha de manifestarse en opciones y gestos visibles, principalmente en la defensa de la vida y de los derechos de los más vulnerables

y excluidos, y en el permanente acompañamiento en sus esfuerzos por ser sujetos de cambio y transformación de su situación" (Aparecida 394).

119. ¿Qué implica el principio de solidaridad?

"El principio de solidaridad implica que los hombres de nuestro tiempo cultiven aún más la conciencia de la deuda que tienen con la sociedad en la cual están insertos: son deudores de aquellas condiciones que facilitan la existencia humana, así como del patrimonio, indivisible e indispensable, constituido por la cultura, el conocimiento científico y tecnológico, los bienes materiales e inmateriales, y todo aquello que la actividad humana ha producido" (CDSI 195). De igual modo, el principio de solidaridad llama particularmente a la humanidad a hacer frente a las severas desigualdades que existen entre los países desarrollados y los países en vías de desarrollo, y aun dentro de los mismos países desarrollados. Para eso, la solidaridad lleva a las personas a esforzarse para modificar los ordenamientos jurídicos y los modos de funcionamiento económico que alimentan esas desigualdades.

(CDSI 192-193, 195).

[La fe en Dios amor] "se expresa también en la caridad que anima por doquier gestos, obras y caminos de solidaridad con los más necesitados y desamparados" (Aparecida 7).

120. ¿Qué bienes protege el principio de solidaridad?

En un contexto marcado por la creciente interdependencia entre las personas y los pueblos, el principio de solidaridad protege "la igualdad de todos en dignidad y derechos" (CDSI 192). El principio de solidaridad resalta el vínculo de unión entre los hombres y los pueblos y contrasta con todas las formas de individualismo y particularismo.

(CDSI 192)

"Una globalización sin solidaridad afecta negativamente a los sectores más pobres" (Aparecida 65).

121. ¿Qué relación existe entre el principio de solidaridad y el principio de subsidiaridad en el contexto de la ayuda al desarrollo?

"El principio de subsidiaridad debe mantenerse íntimamente unido al principio de la solidaridad y viceversa, porque así como la subsidiaridad sin la solidaridad desemboca en el particularismo social, también es cierto que la solidaridad sin la subsidiaridad acabaría en el asistencialismo que humilla al necesitado. Esta regla de carácter general se ha de tener muy en cuenta incluso cuando se afrontan los temas sobre las *ayudas internacionales al desarrollo*. Éstas, por encima de las intenciones de los donantes, pueden mantener a veces a un pueblo en un estado de dependencia, e incluso favorecer situaciones de dominio local y de explotación en el país que las recibe" (CV 58).

(CV 58)

"Buscar un modelo de desarrollo alternativo, integral y solidario, basado en una ética que incluya la responsabilidad por una auténtica ecología natural y humana, que se fundamenta en el evangelio de la justicia, la solidaridad y el destino universal de los bienes, y que supere la lógica utilitarista e individualista, que no somete a criterios éticos los poderes económicos y tecnológicos" (Aparecida 474c)[13].

122. ¿Cuál es la contribución cristiana al concepto de solidaridad?

La concepción cristiana de la solidaridad aporta ante todo el ejemplo de Jesucristo, que al hacerse hombre, es la cumbre de la solidaridad con la humanidad hasta entregar su vida en la Cruz. Él muestra cómo la solidaridad cristiana está íntimamente unida a la caridad. "En las condiciones actuales de la sociedad mundial, donde hay tantas inequidades y cada vez son más las personas descartables, privadas de derechos humanos básicos, el principio del bien común se convierte inmediatamente, como lógica e ineludible consecuencia, en un llamado a la solidaridad y en una opción preferencial por los más pobres" (LS 158).

(CDSI 196; LS 158)

> "Día a día, los pobres se hacen sujetos de la evangelización y de la promoción humana integral: educan a sus hijos en la fe, viven una constante solidaridad entre parientes y vecinos, buscan constantemente a Dios y dan vida al peregrinar de la Iglesia" (Aparecida 398).

123. ¿Qué y cuáles son los valores de la vida social?

Si los principios son el fundamento de la Doctrina Social de la Iglesia, los valores son las metas. En una carrera hay un punto

---

[13] Aquí Aparecida cita PP 20.

de partida y un fin, los valores son el fin, la meta. Se trata de "puntos de referencia para la estructuración oportuna y la conducción ordenada de la vida social" (CDSI 197). Los valores son la *verdad*, la *libertad*, la *justicia* y el *amor* y "constituyen la referencia imprescindible para los responsables de la vida pública" (CDSI 197).

(CDSI 197)

124. ¿Qué relación tienen los valores con los principios de la Doctrina Social de la Iglesia?

Los principios son las bases desde las cuales es posible alcanzar los valores como un objetivo. Existe una relación de interdependencia mutua entre los dos. Por un lado, los principios apuntan a estos valores, los cuales son un "camino seguro y necesario para alcanzar la perfección personal y una convivencia social más humana" (CDSI 197). Por otro lado, alcanzar estos valores requiere de la práctica de los principios fundamentales de la vida social.

(CDSI 197)

125. ¿Qué implica el valor de la verdad y cuál es su importancia para la vida social?

El valor de la verdad implica que "los hombres tienen una especial obligación de tender continuamente hacia la verdad, respetarla y atestiguarla responsablemente"[14] (CDSI 198). La convivencia sólo puede ser ordenada, fecunda y conforme a la dignidad de las personas cuando se funda en la verdad.

(CDSI 198; CIglC 2467)

---

[14] Aquí el Compendio hace referencia a CIglC 2467.

126. ¿Cuáles son los retos que están relacionados con la verdad y a los que se enfrenta hoy la sociedad?

Hoy más que nunca es necesario un intenso esfuerzo educativo además de un compromiso por parte de todos "para que la búsqueda de la verdad, que no se puede reducir al conjunto de opiniones o a alguna de ellas, sea promovida en todos los ámbitos y prevalezca por encima de cualquier intento de relativizar sus exigencias o de ofenderla"[15] (CDSI 198). En la sociedad, ámbitos como la economía o la comunicación pública hacen patente la urgencia de la transparencia y la honestidad en la actuación personal y social.

(CDSI 198)

127. ¿En qué consiste el valor de la libertad?

La libertad es el signo más grande de la creación de la persona humana a imagen de Dios y por lo tanto, un signo de su sublime dignidad. "Consiste en la capacidad de disponer de sí mismo con vistas al auténtico bien, en el horizonte del bien común universal"[16] (CDSI 200). En otras palabras, libertad es la capacidad de moverse uno mismo hacia el bien y alejarse de todo lo que obstaculiza el desarrollo personal, social y familiar. "La libertad alcanza su perfección cuando está ordenada a Dios, nuestra bienaventuranza" (CIglC 1731).

(CDSI 199-200; CIglC 1730-1748)

---

[15] Aquí el Compendio hacer referencia a GS 16; CIglC 2464-2487.

[16] Aquí el compendio hace referencia a PT 118-125.

128. ¿Qué consecuencias tiene el valor de la libertad para la vida social?

El respeto de la libertad en la vida social ha de traducirse en que cada miembro de la sociedad pueda realizar su propia vocación. Es decir que cada persona pueda "buscar la verdad y profesar las propias ideas religiosas, culturales y políticas; expresar sus propias opiniones; decidir su propio estado de vida y, dentro de lo posible, el propio trabajo; asumir iniciativas de carácter económico, social y político" (CDSI 200).

(CDSI 199-200)

129. Pero ¿la libertad se fija únicamente en el individuo?

No. Una libertad que fuera concebida como un ejercicio arbitrario e incontrolado de la propia autonomía personal, no sería más que un individualismo egoísta. "La libertad existe verdaderamente sólo cuando los lazos recíprocos, regulados por la verdad y la justicia, unen a las personas" (LC 26). Por eso las consecuencias de la libertad para la vida social que se han señalado han de realizarse "en el marco de un «sólido contexto jurídico»[17], dentro de los límites del bien común y del orden público, y en todos los casos, bajo el signo de la responsabilidad" (CDSI 200).

(CDSI 199-200; CA 42; LC 26)

---

[17] Aquí el Compendio hace referencia a CA 42: "Esta afirmación está hecha en un contexto de una iniciativa económica, pero parece correcto aplicarla también en otras áreas de actividad personal."

"Surge hoy, con gran fuerza, una sobrevaloración de la subjetividad individual. Independientemente de su forma, la libertad y la dignidad de la persona son reconocidas" (Aparecida 44).

130. ¿En qué consiste el valor de la justicia?

El valor de la justicia está ligado a la virtud cardinal de la justicia, que es "la constante y firme voluntad de dar a Dios y al prójimo lo que les es debido" (CIglC 1807). Supone la determinación de reconocer al otro como persona y es el criterio decisivo de moralidad en la esfera social.

(CDSI 201; CIglC 1807)

"La Iglesia es abogada de la justicia y de los pobres precisamente al no identificarse con los políticos ni con los intereses de partido" (Aparecida, Discurso inaugural de Benedicto XVI).

131. ¿Qué dimensión de la justicia debe tenerse especialmente en cuenta en el contexto actual?

El Magisterio invoca el respeto de las formas clásicas de la justicia: conmutativa, distributiva y legal o general, pero subraya especialmente la justicia social. La justicia social obliga a la sociedad, no solamente al gobierno, a proveer "las condiciones que permiten a las asociaciones y a cada uno conseguir lo que les es debido según su naturaleza y su vocación" (CIglC 1928). Teniendo en cuenta la dimensión mundial de los problemas sociales, es "un verdadero y propio desarrollo de la justicia general, reguladora de las relaciones sociales según el criterio de la observancia de la ley" (CDSI 201). La justicia social "concierne a los aspectos sociales, políticos y económicos y, sobre todo, a la dimensión estructural de los problemas y soluciones correspondientes"[18] (CDSI 201).

(CDSI 201; CIglC 1928-1933)

> "Todo esto refleja que no puede haber democracia verdadera y estable sin justicia social, sin división real de poderes y sin la vigencia del Estado de derecho" (Aparecida 76)[19].

132. ¿Qué peligros amenazan hoy a una auténtica comprensión de la justicia?

La sociedad contemporánea, proclama la importancia de la justicia y el valor de la persona, de su dignidad y de sus derechos, pero muchas veces lo que ocurre en realidad, es que, a pesar de proclamar esta importancia, la persona humana está gravemente amenazada por un criterio utilitario y las posesiones materiales son las que a menudo determinan su valor. Más aun, se ha extendido una visión de la justicia "contractualista" o reduccionista, donde lo que es justo es determinado por la ley, y por lo tanto, por un mero convenio humano, lo pactado entre todos. Pero "lo que es «justo» no está determinado originariamente por la ley, sino por la identidad profunda del ser humano"[20] (CDSI 202).

(CDSI 202-203; SRS 40)

> "Por ello, [Jesús] sana a los enfermos, expulsa los demonios y compromete a los discípulos en la promoción de la dignidad

---

[18] Aquí el Compendio hace referencia a LE 2.

[19] Aquí Aparecida cita a Juan Pablo II, Exhortación Apostólica *Ecclesia in America*, 56.

[20] Aquí el Compendio hace referencia a SRS 40; CIglC 1929.

humana y de relaciones sociales fundadas en la justicia" (Aparecida 112).

133. ¿Qué papel corresponde al valor de la caridad en la estructuración de la vida social?

La visión cristiana y la experiencia de la humanidad señalan que "por sí sola, la justicia no basta. Más aún, puede llegar a negarse a sí misma si no se abre a la fuerza más profunda que es el amor"[21] (CDSI 203). La justicia es la primera medida de la caridad, su "medida mínima"[22] (CV 6), por tanto, la justicia "ha de complementarse con la caridad"[23] (CDSI 206), que es "el criterio supremo y universal de toda la ética social" (CDSI 204) que presupone y transciende la justicia. Sin contar con la caridad, "*ninguna legislación, ningún sistema de reglas o de estipulaciones lograrán persuadir a hombres y pueblos a vivir en la unidad, en la fraternidad y en la paz; ningún argumento podrá superar el apelo de la caridad*" (CDSI 207). En consecuencia, más allá de la acción individual, la caridad ha de informar y renovar desde su interior las estructuras, la organización económica, las organizaciones sociales y los ordenamientos jurídicos.

(CDSI 203-207; CV 6)

---

[21] Aquí el Compendio hace referencia a Juan Pablo II, Jornada Mundial de la Paz, 1 de enero de 2004, (Ciudad del Vaticano: Libreria Editrice Vaticana, 2004), 10.

[22] Aquí el Compendio cita a Pablo VI, Alocución por el día de desarrollo, 23 de agosto de 1968, Acta Apostolicae Sedis 60 (1968), 626-627.

[23] Aquí el Compendio cita a Juan Pablo II, Mensaje para la jornada mundial de la paz, 1 de enero de 2004, 10.

Capitulo 5

Vida y amor: El Evangelio de la familia

Jennifer E. Morel

> Toda amenaza para la familia es una amenaza para la propia sociedad. Como afirmaba a menudo san Juan Pablo II, el futuro de la humanidad pasa por la familia.... ¡proteged vuestras familias! Ved en ellas el mayor tesoro de vuestro país y sustentadlas siempre con la oración y la gracia de los sacramentos.
>
> Papa Francisco, *Encuentro con las familias,* Manila 16 de enero de 2015

La familia es la célula básica o el bloque fundamental que forma una sociedad; es el centro de la vida social. Ambas, la Iglesia y la sociedad, tienen el deber de promover y fomentar la dignidad del matrimonio y la familia. Las familias, por tanto, están llamadas a participar activamente en la misión de la Iglesia y a compartir sus dones con la sociedad.

134. ¿Por qué la Iglesia habla sobre la familia?

La Iglesia proclama la buena noticia de Cristo a cada persona humana. Ya que la familia es la "célula primera y vital de la sociedad"[24] (CDSI 211), el lugar donde la persona humana aprende a vivir y a amar, la Iglesia, en su continua misión de evangelización de la persona humana, se ocupa de la familia. En realidad, "[l]a familia, «patrimonio de la humanidad», constituye uno de los tesoros más valiosos de los pueblos latinoamericanos" (Aparecida 302) (CDSI preámbulo de la parte II).

> "Invitamos, pues, con especial cariño, a la familia de América Latina a tomar su lugar en el corazón de Cristo y a transformarse más y más en ambiente privilegiado de Evangelización, de respeto a la vida y al amor comunitario" (Puebla 5).

135. ¿Por qué la familia es llamada "la célula primera y vital de la sociedad"?

La familia es la célula primera y vital de la sociedad porque es la primera forma de comunión entre personas, entre hombre y mujer. De esta comunión nacen los hijos, quienes aprenden en la familia y a través de las interacciones familiares lo que significa ser humanos y cómo vivir virtuosamente. Esto también significa que la familia está en el centro de la vida social, con derechos que corresponden específicamente a esta sociedad natural. Ambos, el Estado y la sociedad civil están llamados a reconocer la

---

[24] Aquí el Compendio hace referencia al Concilio Vaticano II, Decreto *Apostolicam Actuositatem* (Ciudad del Vaticano: Libreria Editrice Vaticana, 1965), 11.

prioridad de la familia en la cultura y en la política, oponiéndose a una mentalidad individualista.

(CDSI 209-211, 254)

136. ¿Cómo se crea una familia? ¿Cuál es la relación entre matrimonio y familia?

La familia se crea a través de la institución del matrimonio, al que Jesús elevó al nivel de sacramento. Dios, como el autor del matrimonio, ha establecido el significado de esta institución, en la cual cada hombre y mujer se vuelven coautores de su matrimonio particular "con la ayuda y cooperación de Dios... por la generosa donación de la propia persona a otra, por toda la vida..." (*Casti Connubii*, 4). El matrimonio por eso se entiende como una alianza irrevocable, como una recíproca entrega de sí mismo entre esposo y esposa, lo que forma una comunión de vida y amor. En este sentido, es muy diferente a un contrato legal, donde las obligaciones contractuales son el principal vínculo entre dos o más personas.

(CDSI 212, 215)

137. ¿Qué quiere decir que el matrimonio es un sacramento?

Como todo sacramento, el matrimonio es un signo eficaz de la gracia. Como signo, esta alianza hasta la muerte, indisoluble y exclusiva, apunta hacia algo más grande: el fiel amor de Dios por Su pueblo. Los esposos son testigos de este amor, patente en la historia de la salvación, especialmente en la encarnación del Hijo de Dios y en el sacrificio de Cristo por Su Iglesia; esposo y esposa entran y viven en esta gracia del sacramento del matrimonio. La gracia del sacramento del matrimonio asiste a los dos esposos para ayudarse el uno al otro a alcanzar la santidad y a trabajar en la vida de la sociedad trayendo el Reino de Dios a este mundo. Como "Iglesia domestica", la familia se hace "sujeto y objeto de evangelización" (Puebla 569).

(CDSI 219-220, AL, ch. 4, Aparecida 115)

> "La relación entre la mujer y el varón es de reciprocidad y colaboración mutua. Se trata de armonizar, complementar y trabajar sumando esfuerzos. La mujer es corresponsable, junto con el hombre, por el presente y el futuro de nuestra sociedad humana" (Aparecida 452).

138. La ley civil, ¿es importante para el matrimonio?

Las leyes civiles o del Estado deben ser consistentes con las leyes naturales que establecen que solo un hombre y una mujer, en una relación exclusiva e indisoluble, son capaces de formar una familia, y por lo tanto capaces de contraer matrimonio. Ya que la familia es la primera y vital célula de la sociedad, le corresponde a toda la sociedad la protección y promoción de la familia; esto es tanto para el bien de los esposos y los hijos, como también para la estabilidad de la sociedad misma. La sociedad encuentra concretas posibilidades de existencia y crecimiento en la procreación y ayuda para cada uno de sus miembros, que se da dentro de la familia misma. Por esta razón, el divorcio y las uniones de hecho, representan una grave amenaza a la persona humana y a la base de la sociedad. La sociedad, mientras que puede regular los efectos civiles del matrimonio, no puede eliminar el derecho al matrimonio o cambiar sus características.

(CDSI 214, 216, 224-225, 227, 253)

139. ¿Cómo acompañala Iglesia a aquellos que se han vuelto a casar luego de un divorcio?

La Iglesia invita y recibe en su vida a aquellos que se han divorciado y vuelto a casar y los anima a crecer en la fe. Los bautizados que viven en esta situación, pueden y deben participar en la vida de la Iglesia, mantener una vida de oración, educar a sus hijos en la fe y buscar la gracia de Dios. En su fidelidad a Cristo y a la verdad del sacramento del matrimonio, la Iglesia ofrece los sacramentos de la reconciliación y eucaristía para aquellos que están dispuestos a llevar una vida coherente con la indisolubilidad del matrimonio.

(CDSI 226; FC 84, Benedicto XVI, *Sacramentum Caritatis,* 29; AL 300)

140. ¿Qué dice la Iglesia sobre las uniones homosexuales?

La Iglesia respeta la dignidad de todas las personas con tendencias homosexuales y las anima a vivir una vida de castidad. Ya que la estructura del matrimonio y la familia está basada en la complementariedad psicofísica del hombre y la mujer, y está ordenada a dar fruto en los hijos que nacen de esta unión, la petición de reconocer legalmente el matrimonio entre dos personas del mismo sexo, es infundada. La legislación "no debe jamás debilitar el reconocimiento del matrimonio monogámico indisoluble, como única forma auténtica de la familia" (CDSI 229).

(CDSI 228-229)

141. ¿Es la procreación la única razón del matrimonio?

El matrimonio, como una entrega total y permanente de sí mismo, está ordenado a dar frutos con la procreación y educación de los hijos. Sin embargo, la alianza irrevocable permanece aun cuando el esposo y la esposa son incapaces de concebir. Como un pacto indisoluble entre dos personas, el matrimonio está también dirigido hacia la comunión, el crecimiento del amor mutuo.

(Juan Pablo II, Carta a las familias
Gratissimam Sane, 1994 11; GS 50)

142. La Iglesia, ¿anima a los padres a tener la mayor cantidad de hijos posible?

La Iglesia reconoce que la decisión sobre cuándo y cuántos hijos traer al mundo es un derecho inalienable de los esposos; los padres están llamados a una "procreación responsable". Las autoridades públicas nunca deben mediar de tal manera que obliguen a los padres a escoger entre la asistencia económica y el derecho de determinar cuantos hijos tendrán. Cuando los padres deciden (en oración y en el contexto de las obligaciones hacia la familia que ya tienen y hacia la sociedad) posponer un embarazo por un tiempo limitado o por un tiempo indefinido, la abstinencia periódica o planificación natural de la familia, como es llamada comúnmente, les permite hacer esto en términos de respeto mutuo y total aceptación. En cambio, cuando se usa la esterilización, el aborto o los anticonceptivos, estos métodos moralmente ilícitos socavan lo bueno de la persona humana y de la sexualidad humana.

(CDSI 232-234, Puebla 584)

143. Entonces, los padres, ¿tienen un "derecho al hijo"?

El deseo de tener hijos es bueno; sin embargo, este deseo no se puede concretar de manera que haga del niño un objeto, como una cosa que se puede adquirir. Por lo tanto, un absoluto "derecho al hijo" no existe; más bien los padres deben respetar los derechos de su hijo no nacido. Estos derechos incluyen: el derecho de nacer en una familia estable y amorosa fundada en el matrimonio, como también el derecho a ser concebido en el acto de amor conyugal. Por estas razones, los padres que desean tener hijos, pueden usar métodos que asisten al acto conyugal; en cambio las tecnologías reproductivas que separan esta unión de la concepción, son inaceptables. La clonación con el propósito de procrear está incluida entre estas tecnologías y es por lo tanto inaceptable. Las parejas que no pueden concebir son llamadas a dar frutos también a través de la adopción o con servicios en beneficio del prójimo.

(CDSI 218, 235-236, 244; Aparecida 457)

144. ¿Quién es responsable por la educación de los hijos? ¿Cuál es el rol de los padres?

Los padres son los primeros y principales educadores de sus hijos. Dentro de la amorosa relación entre padres e hijos, los padres educan a sus hijos moralmente y religiosamente, con una especial responsabilidad por la humanización de la educación sexual que enfatiza la moral y los valores humanos conectándolos con el significado de la sexualidad. Este es un derecho y una obligación de los padres que no pueden ser asumidos por nadie más, tampoco por el Estado. Sin embargo, los padres no son los únicos educadores de sus hijos. Los ancianos de la familia tienen un rol especial narrando sus historias propias y las de su cultura. En este modo, ellos dan raíces a las generaciones jóvenes. Además, la Iglesia y el Estado están llamados a asistir a los padres de manera apropiada y presentando la verdad.

(CDSI 239-240, 243; AL 192; QuerA 34)

> "La mujer es insustituible en el hogar, la educación de los hijos y la transmisión de la fe. Pero esto no excluye la necesidad de su participación activa en la construcción de la sociedad. Para ello, se requiere propiciar una formación integral de manera que las mujeres puedan cumplir su misión en la familia y en la sociedad" (Aparecida 456).

> "El padre, por su parte, tiene el deber de ser verdaderamente padre, que ejerce su indispensable responsabilidad y colaboración en la educación de sus hijos. Los hijos, para su crecimiento integral, tienen el derecho de poder contar con el padre y la madre..." (Benedicto XVI, Discurso inaugural en Aparecida 5).

145. ¿Cómo deberían el Estado y la familia trabajar juntos?

Ya que la familia es la primera y vital célula de la sociedad, la relación entre la familia y el Estado debe estar estructurada de acuerdo al principio de subsidiaridad. Esto quiere decir que la familia está llamada a no ser un mero objeto pasivo de la acción política, sino más bien a involucrarse activamente en el Estado, en las autoridades locales y en las asociaciones familiares que ayudan a formar una sociedad que protege y fortalece a la familia. Cuando el Estado busca ayudar a las familias, no debe asumir sus funciones; en cambio, debe facilitar y sostener a la familia de acuerdo a la naturaleza de la familia como pequeña sociedad en sí misma.

(CDSI 214, 247; QA 79-80)

146. ¿Cómo puede el Estado asistir a los padres con la educación de sus hijos?

Los padres tienen el derecho de elegir las instituciones educativas que son coherentes con sus creencias y buscar los medios que ofrecen la mejor ayuda a los padres como primeros educadores de sus hijos. El Estado y otras autoridades públicas están obligados a reconocer este derecho y a garantizar las condiciones concretas para su ejercicio. Esto significa que los fondos públicos deben estar disponibles para que los padres en libertad, puedan acceder y fundar las instituciones educativas de su elección.

(CDSI 240-241)

147. ¿Cuál es la relación entre familia y economía?

La familia y la economía están relacionados de una manera muy importante. Dentro de la familia, la solidaridad entre las generaciones y la educación de los hijos en preparación para sus trabajos futuros, hacen que la economía sea posible. Por otro lado, el derecho de la persona a una adecuada compensación por su trabajo es una condición esencial para el inicio y mantenimiento de la familia. Por esta razón, la Iglesia insiste en un "salario justo," que se puede entender mejor como un "salario familiar". Las migraciones por razón del trabajo, cuando están forzadas por el contexto de una economía globalizada, son una amenaza a la unidad de la familia y, por esto, también a la economía misma. Los empresarios y los empleados tienen la corresponsabilidad de pensar cómo las oportunidades ofrecidas por la globalización de la economía pueden involucrar mejor a toda la población y respetar la dignidad de todos, fortaleciendo así también y en primer lugar a todas las familias.

(CDSI 248-249; LE 19; QA 70-75; VLE 77, QuerA 17)

> "La economía globalizada daña sin pudor la riqueza humana, social y cultural. La desintegración de las familias, que se da a partir de migraciones forzadas, afecta a la transmisión de valores, porque «la familia es y ha sido siempre la institución social que más ha contribuido a mantener vivas nuestras culturas»... «hace falta incorporar la perspectiva de los derechos de los pueblos y las culturas, y así entender que el desarrollo de un grupo social [...] requiere del continuado protagonismo de los actores sociales locales desde su propia cultura»" (QuerA 39, 40).

148. ¿Qué es el "salario familiar"?

El salario familiar permite a la familia vivir decentemente y ahorrar para comprar una propiedad que pueda asegurar la futura estabilidad económica, en lo posible con el trabajo de un miembro de la familia. Las previsiones sociales que pueden ayudar a que esto sea posible pueden tomar formas variadas: subsidios familiares, compensaciones por el trabajo doméstico en el hogar y contribuciones por hijos y otros miembros de la familia. En este contexto, es necesario poner más énfasis y darle más valor al trabajo que las mujeres llevan a cabo en la casa.

(CDSI 250-251; LE 19)

149. ¿Qué dones concretos ofrece la familia a una sociedad individualista?

En una sociedad que frecuentemente se enfoca en la eficiencia y en la funcionalidad del individuo ("costo-beneficio", como a veces es llamado), la familia se desarrolla a partir de la opción concreta por el amor y la gratuidad entre un hombre y una mujer. Acepta y valora a aquellos que quedarían fuera de la sociedad según un criterio de costo-beneficio, aquellos que no son capaces de producir, como los ancianos, los enfermos, los niños. Premia por encima de todo, en las relaciones interpersonales, la importancia de los valores humanos, culturales y morales de una ecología integral, que promueve el valor de la vida, la sobriedad ante el consumismo y el cuidado de la casa común, creada por Dios. Vive un amor que es recíprocamente fiel.

(CDSI 221-223, 246; FC 43; QuerA 58; LS 213)

TEMA ESPECIAL

Teoría de género

Antonio Malo

150. ¿Qué es la teoría de género?

La teoría de género es una corriente de pensamiento que en su intento por lograr la "autoemancipación del hombre de la creación y del Creador" (Benedicto XVI, *Discurso navideño a la Curia romana*, 22 de diciembre de 2008), tiene como objetivo difundir en la sociedad un modo libertario de enfocar los asuntos referidos a la sexualidad, el matrimonio y la familia. La distinción entre sexo y género es un elemento central de esta teoría que surgió en algunos círculos feministas norteamericanos durante los años 1960 y 1970 y que, desde entonces, se ha ido extendiendo por gran parte del mundo.

(CEC, *"Varón y mujer los creó". Para una vía de diálogo sobre la cuestión del gender en la educación,* 2019)

151. ¿Qué entiende la teoría de género con los términos sexo y género?

Con el término "sexo", la teoría de género entiende lo que es *dado* con la naturaleza biológica, o sea la composición biológica o el sexo corporal. Con el término "género", en cambio, entiende la construcción social de los distintos roles de hombres y mujeres en todos los ámbitos de la existencia, que por ser culturales están sujetos necesariamente a cambios culturales. En su expresión más radical, los defensores de esta teoría consideran que, en cada una de las situaciones existenciales por las que atraviesa una persona, esta debería poder elegir el género (LGBTQIA) que desee, con independencia del propio cuerpo y de los lazos conyugales y parentales que se hayan establecido.

152. ¿Qué aspectos positivos presenta la teoría de género?

La teoría de género subraya el carácter personal de la sexualidad humana. Los análisis científicos de la sexualidad humana revelan que, además de estar enraizada en el cuerpo, debe también ser personalizada a través de la identificación psicológica con el propio sexo y a través también de relaciones interpersonales, comenzando por las que se establecen con los propios padres. Además, la teoría de género hace ver como algunos de los roles sociales atribuidos al varón y a la mujer a lo largo de la historia, además de ser convencionales, han influido en muchos casos de forma negativa en la valoración sociocultural de la mujer.

153. ¿Cómo difiere la teoría del género de la comprensión de la sexualidad humana por parte de la Iglesia?

El Magisterio considera que las diferencias entre hombre y mujer, lejos de nacer de una estructura injusta, son un regalo mutuo y una riqueza para el mundo y la Iglesia. El Papa Francisco lo explica así: "yo me pregunto si la así llamada teoría del *gender* no sea también expresión de una frustración y de una resignación, orientada a cancelar la diferencia sexual porque ya no sabe confrontarse con la misma" (Papa Francisco, *Audiencia general,* 15 de abril de 2015). La teoría de género, en cambio, al ignorar la diferencia sexual y verla como algo que se puede (y debe) superar, pierde el carácter *originario* de la femineidad y de la masculinidad. "La femineidad realiza lo «humano» tanto como la masculinidad, pero con una modulación diversa y complementaria" (*Carta del Papa Juan Pablo a las mujeres,* 1995). El sexo de la persona no es simplemente una cuestión de biología. "La sexualidad caracteriza al hombre y a la mujer no sólo en el plano físico, sino también en el psicológico y espiritual con su impronta consiguiente en todas sus manifestaciones" (CEC, *Orientaciones educativas sobre el amor humano* 1983, 5). La sexualidad humana es, por tanto, un don de Dios, que se recibe mediante los progenitores y, a través del cual, podemos darnos al otro en el matrimonio o en el celibato.

> "La aceptación del propio cuerpo como don de Dios es necesaria para acoger y aceptar el mundo entero como regalo del Padre y casa común, mientras una lógica de dominio sobre el propio cuerpo se transforma en una lógica a veces sutil de dominio sobre la creación. Aprender a recibir el propio cuerpo, a cuidarlo y a respetar sus significados, es esencial para una verdadera

ecología humana. También la valoración del propio cuerpo en su femineidad o masculinidad es necesaria para reconocerse a sí mismo en el encuentro con el diferente. De este modo es posible aceptar gozosamente el don específico del otro o de la otra, obra del Dios creador, y enriquecerse recíprocamente. Por lo tanto, no es sana una actitud que pretenda «cancelar la diferencia sexual porque ya no sabe confrontarse con la misma»" (LS 155)[25].

154. ¿En qué puntos la teoría de género contradice la Biblia?

Las dos narraciones de la creación en el libro del Génesis confirman definitivamente la importancia de la diferencia sexual. En la primera se lee que Dios creó "al hombre a su imagen. A imagen de Dios lo creó. Varón y mujer los creó" (Gén 1,27). En la segunda narración, el hombre se da cuenta de que está solo y Dios crea para Adán "una auxiliar a su semejanza" (Gén 2,18). Esta ayuda es mutua y no implica ningún tipo de inferioridad de la mujer con respecto al hombre. No se refiere sólo a acciones, sino al *ser* del hombre y de la mujer. Hombre y mujer son complementarios no solo a nivel físico, también lo son en su misma existencia: el hombre le ofrece a la mujer algo que solo él puede darle y la mujer ofrece al hombre algo que solo ella le puede dar.

> (Congregación para la doctrina de la fe, *Carta de los obispos de la Iglesia Católica sobre la colaboración del hombre y la mujer en la Iglesia y en el mundo,* 2004, 6; *Carta del papa Juan Pablo II a las mujeres,* 1995, 7)

---

[25] Aquí el Papa Francisco cita su audiencia general del 15 de abril de 2015.

155. ¿En qué puntos la ideología de género contradice la moral?

La teoría de género contradice también a la moral sexual. Primero, porque, al distinguir radicalmente entre sexo y género, se rechaza tanto el significado procreativo como el unitivo de la sexualidad humana, como se puede ver en su actitud hacia las relaciones homosexuales en las que no hay verdadera comunión esponsal por falta de diferencia sexual. Segundo, basados en la separación entre sexo y género, esta teoría intenta que se acepte ese tipo de relaciones como matrimonio. Sin embargo, no obstante la profundidad de los sentimientos y del compromiso existencial que pueda existir en esas relaciones, nunca serán matrimonio por falta de diferencia sexual y, por consiguiente, no podrán ser origen de una familia.

(CDSI 229; LF 52; EG 66).

156. ¿Cómo influye la ideología de género en la sociedad?

La ideología de género influye en la sociedad en dos niveles. En el nivel político y legislativo, mediante las presiones que ejerce para hacer cambiar legalmente la fisionomía del matrimonio y de la familia. Así, exige una legalización y aceptación de nuevos modelos de matrimonio y familia en nombre del progreso, de la tolerancia y la igualdad de derechos, incluyendo el de adopción de niños. Sin embargo, este "progreso" no es tal y producirá, antes o después, la autodestrucción de la persona y la sociedad (véase Benedicto XVI, *Discurso navideño a la Curia romana*, 22 de diciembre de 2008). En el nivel cultural, la ideología de género busca un cambio de mentalidad en los ciudadanos que le sea favorable, comenzando por los que son más fáciles de adoctrinar: los niños y adolescentes. Con la excusa de educarles a la tolerancia se les anima a "explorar" y "experimentar" todo tipo de conductas sexuales, para poder así elegir la que más les guste.

157. ¿Por qué la Iglesia denuncia la teoría de género como una ideología?

La Iglesia, que vela siempre por todo lo que se refiere al bien del hombre y la mujer, denuncia la teoría del género como una ideología porque tiene el derecho y el deber de intervenir cuando lo que está en juego es el bien natural y sobrenatural de las personas y de la sociedad. La Iglesia ha recibido de Dios la "responsabilidad por la creación" (Benedicto XVI, *Discurso navideño a la Curia romana*, 22 de diciembre de 2008). Por eso, promueve una ecología humana que ayude a las naciones y a los Estados a discernir entre aquello que es ocasión de verdadero progreso y lo que, en cambio, produce retroceso y desintegración de las personas y el tejido social.

(Benedicto XVI, *Discurso navideño a la Curia romana*, 22 de diciembre de 2008)

158. ¿En qué consiste la ecología humana que la Iglesia promueve?

Por su responsabilidad hacia la creación, la Iglesia debe ante todo proteger a las personas, que son el fin del universo. La ecología humana consiste en el respeto por la persona humana y la "estructura natural y moral de la que ha sido dotado" (CA 38). Esto incluye la promoción de los valores de la femineidad y masculinidad como fundamento de la humanización de la persona.

"Toda perspectiva que pretenda proponerse como lucha de sexos sólo puede ser una ilusión y un peligro, destinados a acabar en situaciones de segregación y competición entre hombres y mujeres, y a promover un solipsismo, que se nutre de una concepción falsa de la libertad" (San Juan Pablo II, *Carta a los obispos de la Iglesia católica sobre la colaboración del hombre y la mujer en la Iglesia,* 14).

En un nivel más concreto, la ecología humana se aplica a las políticas sociales concernientes a la educación, la familia, el trabajo, el acceso a los servicios, la participación cívica, etc. Por una parte, combatiendo cualquier injusta discriminación sexual. Por otra parte, haciendo reconocer y promoviendo la igualdad de dignidad que "debe armonizarse con el cuidadoso reconocimiento de la diferencia y la reciprocidad, allí donde eso se requiera para la realización del propio ser masculino o femenino" (*Carta a los obispos de la Iglesia católica sobre la colaboración del hombre y la mujer en la Iglesia,* 14; Cfr. CIglC 2358).

(CA 38-39; CV 51)

159. La Iglesia se ha referido en ocasiones a la teoría del género como una "colonización ideológica". ¿Qué quiere decir esto?

La ideología de género ha sido considerada por la Iglesia como una colonización ideológica, porque intenta imponer por todos los medios a su alcance una visión inhumana de la sexualidad, del matrimonio y de la familia que esclaviza a las personas (cfr. Papa Francisco, *Audiencia en vuelo desde Filipinas a Roma,* 19 de enero de 2015). La ideología de género pretende ocultar dicha manipulación, prometiendo una gran libertad cuando en realidad la niega. Afirma ayudar a cada persona a descubrir su identidad sexual, cuando en realidad le impide reconocer y aceptar su condición de hombre o mujer. Combate las diferencias y complementariedades físicas, psíquicas y espirituales entre el hombre y la mujer, que están orientadas a los bienes del celibato o del matrimonio y al desarrollo de la vida familiar.

(CIglC 2333).

160. ¿Qué deben hacer los cristianos para contrarrestar el influjo negativo de la ideología de género?

Los cristianos deben contrarrestar este influjo negativo comenzando por sus hogares. Los padres han de participar activamente en la educación de sus hijos, pues es precisamente a través de esta tarea como se transmite la cultura cristiana de generación en generación fomentando su crecimiento. Así mismo, el ambiente familiar ha de ser tal que los hijos aprendan a amar en cuanto son amados gratuitamente, a respetar a los demás en cuanto son respetados, a conocer el rostro de Dios en cuanto éste se les revela en primer lugar a través de un padre y una madre que están llenos de amor por ellos. De este modo, el hijo o la hija descubre la belleza de la maternidad y paternidad y, por consiguiente, de la feminidad y masculinidad que sus padres respectivamente encarnan. Cuando, en cambio, el hijo o la hija carecen de estas experiencias fundamentales, se produce una perdida de humanidad en la sociedad, que sufre en su conjunto, transformándose así en generadora de violencia.

(CDSI 242-243; *Carta a los obispos de la Iglesia católica sobre la colaboración del hombre y la mujer en la Iglesia,* 14; Congregación para la educación católica, *Orientaciones educativas para el amor humano,* 1983).

Capítulo 6

El trabajo humano y los derechos de los trabajadores

Martin Schlag

> "El fundamento para determinar el valor del trabajo humano no es en primer lugar el tipo de trabajo que se realiza, sino el hecho de que quien lo ejecuta es una persona".
>
> Juan Pablo II, *Laborem Exercens,* 6

El trabajo es parte del plan original de Dios e incluso constituye un camino hacia la santidad. Sin embargo, para muchos, el trabajo ha sido por mucho tiempo una forma de opresión más que una forma de realización. Las dificultades de los trabajadores, sus miserias y sufrimientos motivaron la primera enciclíca social en 1891. Desde aquel tiempo, muchos progresos se han logrado, pero mucho más falta por hacer en cada país y en todo el mundo. La Iglesia continúa proclamando los derechos de los trabajadores.

161. El trabajo, ¿es parte del plan original de Dios o un castigo por el pecado original?

El trabajo no es un castigo por el pecado; las dificultades, el agotamiento y las frustraciones que a veces se presentan en el trabajo sí lo son. Antes del pecado original, Dios invitó al hombre a trabajar y cultivar la tierra, a cuidar el jardín donde Él lo había puesto. Toda la creación es buena y fue creada para el bien del hombre. El trabajo es parte de este bien y Dios quiere que cooperemos con nuestro trabajo en la creación que Él ha iniciado.

(CDSI 255, 262; Gén 2,15)

162. ¿Cómo cooperan con su trabajo el hombre y la mujer con la creación de Dios?

Dios Padre ha ordenado el universo con su Sabiduría (Jesús) y con su Amor (el Espíritu Santo). El hombre y la mujer, con sus trabajos, participan en este amor y sabiduría divinos y así se revela el plan de Dios para la creación. Mediante la transformación de la materia en bienes que sirven a los demás, ponemos la creación de Dios al servicio de los hombres como Él lo desea. Cuando trabajamos conjuntamente incrementamos el bien común y beneficiamos en particular a aquellos más necesitados.

(CDSI 262-263, 266, 275)

163. ¿Qué enseñó Jesús sobre el trabajo?

Jesús nos enseñó el significado del trabajo primeramente con Su ejemplo. Él fue un hombre de trabajo y nos enseñó a apreciar el trabajo. Jesús mismo dedicó muchos años de su vida en este mundo al trabajo manual como carpintero, y durante Su ministerio público trabajó incansablemente haciendo milagros y liberando a personas de enfermedades, de sufrimientos y de la muerte.

(CDSI 259-261)

164. Jesús dijo a sus seguidores que no se preocuparan por lo que han de comer o vestir. ¿Trabajar por estas cosas es contrario a sus enseñanzas?

Jesús no dice que no necesitamos estas cosas, ni tampoco dice que no deberíamos trabajar o cuidar de ellas. Él quiere que confiemos en Dios y no que nos esclavicemos por miedo. El trabajo no debe ser una fuente de ansiedad. Cuando las personas están preocupadas y agitadas por muchas cosas, corren el riesgo de descuidar el Reino de Dios y su justicia (cf. Mt 6,33)

(CDSI 260)

165. ¿Qué dice la fe cristiana sobre el trabajo? ¿Es un bien en sí mismo o es una carga necesaria, un obstáculo que se interpone al tiempo dedicado a la familia, la oración y la cultura?

La fe cristiana honra al trabajo y lo considera como un deber humano. Ningún cristiano que tenga la capacidad de trabajar tiene el derecho a no hacerlo y a aprovecharse de la caridad de los demás viviendo a expensas de otros (cf. 2 Tes 3, 6-12). "Al contrario, el apóstol Pablo exhorta a todos a ambicionar «vivir en tranquilidad» con el *trabajo de las propias manos*, para que «no necesitéis de nadie» (1 Ts 4,11-12), y a practicar una solidaridad, incluso material, que comparta los frutos del trabajo con quien «se halle en necesidad» (Ef 4,28)" (CDSI 264).

(CDSI 264-265, 274)

166. ¿Pero no es el problema de hoy que la gente trabaja mucho y no tiene tiempo para otras cosas?

Esto puede suceder algunas veces. El trabajo es una parte importante de la vida, pero no es el único objetivo de la vida. El trabajo no se debe idolatrar porque el último y definitivo sentido de la vida no se encuentra en el trabajo. Sólo Dios es el origen de la vida y el fin último del hombre.

(CDSI 257)

> "La creciente práctica de políticas públicas e iniciativas privadas de promover incluso el domingo como día laboral, es una medida profundamente destructiva de la familia y de los padres" (Aparecida 463e).

167. ¿Por qué es importante descansar el domingo y los demás días festivos de precepto?

La Biblia nos dice que Dios descansó en el séptimo día de la creación, el sábado. Sin este descanso, el trabajo de Dios no hubiese estado completo. El descanso sabático es una barrera para prevenir que nos volvamos esclavos del trabajo y especialmente sirve para proteger a los pobres de la explotación; hace posible que el trabajo no destruya las relaciones y las comunidades en las que vivimos.

(CDSI 258)

> "Cada domingo y cada Eucaristía es un encuentro personal con Cristo. Al escuchar la palabra divina, el corazón arde porque es Él quien la explica y proclama. ... La asistencia de los padres con sus hijos a la celebración eucarística dominical es una pedagogía eficaz para comunicar la fe y un estrecho vínculo que mantiene la unidad entre ellos. El domingo ha significado, a lo largo de la vida de la Iglesia, el momento privilegiado del encuentro de las comunidades con el Señor resucitado. ... Por eso la celebración dominical de la Eucaristía ha de ser el centro de la vida cristiana" (Benedicto XVI, *Discurso inaugural en Aparecida).*

168. ¿Qué es exactamente el descanso? ¿Qué deben hacer los cristianos el domingo?

Los domingos y los días festivos de precepto, los católicos deben participar en la misa (cf. CEC 2042) y durante estos días los creyentes "se abstendrán de entregarse a trabajos o actividades que impidan el culto debido a Dios, la alegría propia del día del Señor, la práctica de las obras de misericordia, el descanso necesario del espíritu y del cuerpo"[26] (CEC 2185).

(CDSI 284-285)

---

[26] Aquí el Compendio hace referencia a CIC, c. 1248.2.

"Se entiende, así, la gran importancia del precepto dominical, del «vivir según el domingo», como una necesidad interior del creyente, de la familia cristiana, de la comunidad parroquial" (Aparecida 252).

169. ¿Puede el trabajo profesional ser un llamado a la santidad y a la evangelización?

Cuando unimos nuestro trabajo a la obra redentora de Cristo, entonces "el trabajo puede ser considerado como un medio de santificación y una animación de las realidades terrenas en el Espíritu de Cristo"[27] (CDSI 263).

(CDSI 263)

170. ¿Puede una vida de trabajo duro ser compatible con la oración devota?

Sí. Cuando el trabajo humano tiene a la caridad como su objetivo final, entonces se vuelve una ocasión de contemplación y de oración devota. Esto le da al trabajo una dimensión espiritual.

(CDSI 266)

171. ¿Por qué la Iglesia habla del trabajo en su doctrina social?

Desde la encíclica *Rerum Novarum*, la Iglesia ha tratado el trabajo en relación con la "cuestión obrera," es decir el proble-

---

[27] Aquí el Compendio hace referencia a CIglC 2247; LE 27.

ma de la explotación de los trabajadores. En su doctrina social, la Iglesia defiende la inalienable dignidad de los trabajadores y nunca ha cesado de considerar los problemas de los trabajadores en el contexto de la cuestión social, la cual progresivamente ha tomado una dimensión mundial.

(CDSI 267-269)

> "El trabajo garantiza la dignidad y la libertad del hombre, es probablemente «la clave esencial de toda 'la cuestión social'»"[28] (Aparecida 120).

172. ¿Se define a una persona por su trabajo? La dignidad de una persona, ¿se origina en su ocupación laboral?

No, la dignidad de una persona viene de ser creada a imagen y semejanza de Dios. Por esto, Juan Pablo II hizo una distinción entre las dimensiones objetivas y subjetivas del trabajo. La dimensión objetiva del trabajo consiste en la producción, las herramientas y maquinarias y las circunstancias exteriores donde se lleva a cabo el trabajo. La dimensión subjetiva se refiere al trabajador como persona actuante. Las dos dimensiones están conectadas, pero la dimensión subjetiva es más importante. Es en la dimensión subjetiva como persona que el trabajador posee su dignidad. En otras palabras, es el trabajador —la persona— quien confiere dignidad a su trabajo y no lo opuesto.

(CDSI 270-271)

---

[28] Aquí *Aparecida* cita LE 3.

173. La dignidad de una persona no se origina en su trabajo, pero el trabajo, ¿puede en ocasiones violar la dignidad de la persona?

Sí. En toda ocasión en que el trabajador es visto de manera utilitaria o como una pieza de una maquinaria, se está violando su dignidad. El trabajo es para el hombre y no el hombre para el trabajo. Esto tiene consecuencias en la relación que existe entre trabajo y capital, en el derecho al trabajo y en los derechos de los trabajadores.

(CDSI 271-272)

> "El discípulo y el misionero, respondiendo a este designio, promueven la dignidad del trabajador y del trabajo, el justo reconocimiento de sus derechos y de sus deberes, y desarrollan la cultura del trabajo y denuncian toda injusticia" (Aparecida 121).

174. ¿Cuál es la relación entre trabajo y capital?

Capital se refiere a los materiales que se usan para la producción en una empresa (tierras de cultivo, herramientas, fábricas, maquinarias, etc.) y a los recursos financieros (dinero, crédito, acciones y participaciones, préstamos, etc.) que se usan para elaborar productos o en los mercados financieros. El trabajo, por su carácter subjetivo o personal, es superior al capital, sin embargo, son interdependientes. No se puede tener uno sin el otro: el capital sin trabajo humano no sirve, es inefectivo. Por ejemplo, una máquina sin nadie que la haga funcionar no sirve, de la misma manera, personas tratando de trabajar sin las herramientas necesarias, son inefectivas.

(CDSI 276-277)

175. Esto parece más fácil de lo que es en la vida real. ¿Ha habido tensiones entre trabajo y capital?

Sí, trabajo y capital con frecuencia han estado en conflicto en el pasado y esas tensiones tienden a emerger nuevamente cuando hay cambios en las circunstancias socioeconómicas. Existe el riesgo de que el capital explote y enajene a los trabajadores. Las personas son enajenadas cuando se pone más importancia en las ganancias que en la dignidad de los trabajadores. Entre trabajo y capital, es un continuo desafío encontrar una correcta relación que garantice la dignidad de los trabajadores.

(CDSI 279-280)

> "La actividad empresarial es buena y necesaria cuando respeta la dignidad del trabajador, el cuidado del medio ambiente y se ordena al bien común. Se pervierte cuando, buscando solo el lucro, atenta contra los derechos de los trabajadores y la justicia" (Aparecida 122).

176. ¿Qué otros aspectos se deben tener en cuenta en la relación entre trabajo y capital?

El trabajo implica el derecho a participar en la vida de la compañía para la que se trabaja. Las formas específicas de participación dependen de las circunstancias de cada sociedad y varían de acuerdo a las situaciones concretas en las que se encuentran los trabajadores.

(CDSI 281)

177. ¿Hay aspectos especiales a tener en cuenta con respecto a la dignidad del trabajo en la agricultura?

La agricultura es muy importante porque produce nuestra comida diaria. Desafortunadamente, en algunos países se ha instalado un sistema improductivo de extensas tierras sin cultivar, un latifundio. En estos casos, como parte de una reforma agraria, se recomienda la redistribución de las tierras para poder alcanzar un genuino desarrollo económico.

(CDSI 299-300; LS 124 -129)

178. Las minerías y las industrias de excavación, ¿tienen responsabilidades éticas especiales?

Sí. La minería es una industria que pone al alcance de las necesidades humanas los recursos naturales de la tierra. Sin embargo, muy frecuentemente compañías mineras de países ricos extraen minerales y otros recursos naturales en países pobres y en vías de desarrollo, muchas veces con la complicidad de los gobernantes de esos países pobres, y lo hacen para asegurar "con demasiada frecuencia sus propias operaciones en detrimento del bienestar de la población local" (AM 79). La Iglesia debe pronunciarse en contra de este orden injusto que perjudica la consolidación de las economías de los países pobres. Aún más, en cualquier lugar del mundo, la minería puede destruir los cultivos, contaminar el ambiente y causar desertificación. En consecuencia, se causan serios daños a las economías de estas poblaciones que no están preparadas o no son capaces de adaptarse a los cambios sin precedentes en sus estilos de vida y en sus fuentes de sustento.

(AM 79-80)

179. ¿Por qué la Iglesia sostienen el "derecho al trabajo"?

La Iglesia sostiene el "derecho al trabajo" porque es un bien humano que permite al hombre y a la mujer expresar y acrecentar su dignidad humana. Además, el trabajo es necesario para ganar lo que una persona y su familia necesitan para vivir. Trabajo no solo se refiere al trabajo remunerado, también incluye los esfuerzos sistemáticos para servir a las necesidades de los demás, por lo tanto, también son trabajos la paternidad, la maternidad, el cuidado del hogar y el trabajo voluntario entre otros. Para muchas personas, el trabajo se realiza para ganar un salario y es necesario para formar y mantener a una familia, para comprar una propiedad y para contribuir al bien común de la sociedad.

(CDSI 287)

180. ¿Qué dice la Iglesia sobre la desocupación?

La desocupación es una "verdadera calamidad social" (CDSI 287, citando LE 18), especialmente cuando afecta a las generaciones jóvenes. La ocupación plena es por lo tanto un objetivo importante para toda sociedad que está orientada a la justicia y al bien común.

(CDSI 287-288)

> "El desempleo, la injusta remuneración del trabajo y el vivir sin querer trabajar son contrarios al designio de Dios" (Aparecida 121).

181. ¿Qué debe hacer el gobierno nacional para hacer que el trabajo esté disponible para todos los que son capaces de involucrarse laboralmente?

Los gobiernos deben fomentar la creación de oportunidades de empleo dentro de su territorio nacional. Esta función no consiste en garantizar directamente trabajo para cada ciudadano ya que esto crearía una vida económica rígida y restringiría las iniciativas individuales; pero sí deben crear condiciones que permiten el crecimiento económico y aseguran el desarrollo humano integral.

(CDSI 291)

> "En lo que se refiere al mundo de los trabajadores, se advierte un deterioro en sus condiciones de vida y en el respeto a sus derechos; un escaso o nulo cumplimiento de normas establecidas para los sectores más débiles (p. ej. niños, jubilados...); una pérdida de autonomía por parte de las organizaciones de trabajadores debida a dependencias o autodependencias de diverso género; abuso del capital, que desconoce o niega la primacía del trabajo; pocas o nulas oportunidades de trabajo para los jóvenes. Se advierte la alarmante falta de trabajo, o desempleo, con toda la inseguridad económica y social que ello comporta. El mundo del trabajo reclama el crecimiento de la economía y el aumento de la productividad, de tal modo que hagan posible mediante una justa y equitativa distribución el mayor bienestar del hombre y su familia." (Santo Domingo, *Conclusiones* 183)

182. ¿Qué pueden hacer las comunidades internacionales para promover la ocupación plena?

En esta economía globalizada, el trabajo se ha vuelto móvil: muchas empresas se mueven a países donde la mano de obra es barata y donde hay pocas regulaciones sobre el trato hacia los trabajadores. La familia de naciones debería promover acuerdos internacionales de cooperación para proteger los derechos de los trabajadores, especialmente los relacionados a la seguridad en el trabajo y al salario justo.

(CDSI 292)

183. ¿Puede la necesidad de trabajar para mantenerse a uno mismo causar un enfrentamiento con las demás responsabilidades que tenemos con nuestras familias?

Sí, y de hecho sucede. La familia necesita del trabajo para proveer por las necesidades materiales, pero también necesita de un tiempo juntos, un tiempo para la familia. No es fácil implementar políticas que no penalicen, sino que más bien soporten al núcleo familiar; sin embargo, es un desafío que vale la pena tomar: ambos, vida familiar y trabajo se ven afectados de muchas maneras.

(CDSI 294)

184. ¿Las mujeres también tienen el derecho al trabajo?

Sí. El hombre y la mujer han sido creados con igualdad en la dignidad y en los derechos, y esta igualdad también cuenta para la retribución, la seguridad y la previsión social. No obstante, las *funciones* del hombre y la mujer no son idénticas. El "genio femenino" puede aportar algo único en todas las expresiones de la vida social, por lo tanto, la presencia de la mujer en el lugar de trabajo es muy importante. Además, la organización del trabajo, no debe ser un obstáculo para el rol único que las mujeres tienen en la familia.

(CDSI 295; *Carta del papa Juan Pablo II a las mujeres,* 1995, 9-12)

185. ¿Qué dice la Iglesia sobre el trabajo infantil?

Hay sociedades y culturas en la que los niños trabajan para sus familias de acuerdo a la edad y capacidades que tienen. Si el trabajo realizado por estos niños no causa daños a la salud y deja tiempo suficiente para el estudio y el juego, entonces este tipo de trabajo es una contribución a la economía de la familia y no es una violación a la dignidad humana. No obstante, cualquier forma de trabajo perjudicial para los niños es intolerable y constituye una manera de violencia hacia ellos.

(CDSI 296)

186. ¿Tienen los inmigrantes derecho al trabajo?

Sí, toda persona tiene derecho al trabajo. Las grandes desigualdades que existen entre países pobres y ricos han llevado a un gran número de personas a buscar trabajo en otros lugares para poder mantener a sus familias. Esta presión es la razón por la cual la inmigración debe estar regulada por la ley de acuerdo al criterio de justicia y misericordia. Esto quiere decir que la Iglesia no promueve una política de fronteras abiertas, sin embargo, existe el derecho de transferirse a otro país para no padecer hambre en el propio. Aunque las personas que entran a un país violando la ley son inmigrantes indocumentados, deben ser tratados como personas con dignidad humana, lo que significa que ellos también tienen el derecho moral de trabajar.

(CDSI 297-298)

187. ¿Cuáles son los derechos de los trabajadores una vez que son empleados?

Los trabajadores que han encontrado empleo poseen los derechos que se basan en su dignidad de personas humanas. Algunos de estos derechos son: el derecho a un salario justo, el derecho al descanso, el derecho "a ambientes de trabajo y a procesos productivos que no comporten perjuicio a la salud física de los trabajadores y no dañen su integridad moral" (CDSI 301, citando LE 19), el derecho a la pensión y a la seguridad social en casos de desempleo, enfermedades y maternidad, y el derecho a unirse y formar asociaciones.

(CDSI 301)

> "Países como los nuestros en donde con frecuencia no se respetan derechos humanos fundamentales —vida, salud, educación, vivienda, trabajo...—, están en situación de permanente violación de la dignidad de la persona" (Puebla, 41).

188. ¿Qué se entiende por salario justo?

En principio el salario es justo si se consideran tres condiciones: la necesidad del trabajador de sostenerse a sí mismo y a su familia; la situación económica de la empresa; el nivel de salarios en la respectiva sociedad (QA 70-75). Debe haber una correspondencia del salario con el valor que el trabajo da a la productividad de la empresa. El salario justo es el fruto del trabajo personal que permite al obrero proveer para su sustento y adquirir una propiedad privada, lo que es un medio importante de ganar independencia. Los empleadores que se niegan a pagar un salario justo o que no lo pagan en el tiempo debido y en proporción al trabajo hecho, cometen una grave injusticia (cf. Lv 19,13; Dt 24,14-15; St 5,4). Los empleadores deben hacer su mejor esfuerzo para garantizar el bienestar de sus trabajadores y de sus familias.

(CDSI 302; QA 70-75)

> "El trabajo formal, por su parte, se ve sometido a la precariedad de las condiciones de empleo y a la presión constante de subcontratación, lo que trae consigo salarios más bajos y desprotección en el campo de seguridad social, no permitiendo a muchos el desarrollo de una vida digna. En este contexto, los sindicatos pierden la posibilidad de defender los derechos de los trabajadores" (Aparecida 71).

189. ¿Se mide el bienestar económico de un país exclusivamente por la cantidad de bienes que produce?

No, no se debe medir solamente por la cantidad de bienes materiales sino también por la manera en que son producidos y el nivel de equidad con que se distribuye el ingreso en el país. Por lo tanto, una economía no funciona bien si los salarios no son justos, si las oportunidades son injustas o si el campo de competencia no está nivelado.

(CDSI 303)

190. ¿Qué dice la Iglesia sobre los sindicatos o uniones obreras?

El trabajo específico de los sindicatos es asegurar los derechos justos de los trabajadores en el marco del bien común de toda la sociedad. La Iglesia reconoce este papel fundamental que juegan los sindicatos como una forma de solidaridad entre los trabajadores. La Iglesia también enseña que las relaciones en el mundo del trabajo deben estar marcadas por la cooperación. Las huelgas a veces son inevitables como un último recurso, pero el odio y los intentos por abusar o eliminar al otro de manera violenta o causando conflictos son inaceptables.

(CDSI 304-307)

> "Por ello, la organización sindical campesina y obrera, a la que los trabajadores tienen derecho, deberá adquirir suficiente fuerza y presencia en la estructura intermedia profesional. Sus asociaciones tendrán una fuerza solidaria y responsable, para ejercer el derecho de representación y participación en los niveles de la producción y de la comercialización nacional, continental e internacional. Así deberán ejercer su derecho de estar representados, también, en los niveles políticos, sociales y económicos, donde se toman las decisiones que se refieren al bien común. Por lo mismo, las organizaciones sindicales deberán emplear todos los medios a su alcance para formar moral, económica y técnicamente a quienes han de ejercer estas responsabilidades" (Medellín, 12).

191. El mundo del trabajo está en un constante cambio y evolución. ¿Cómo afecta esto a la Doctrina social de la Iglesia sobre el trabajo?

Las formas históricas cambian, pero el permanente requisito del inalienable derecho humano de los trabajadores, no cambia. Los cambios, como los causados por la globalización y los progresos tecnológicos, acarrean desniveles sociales y económicos. Estos desniveles se deben tratar con la restauración de una justa jerarquía de valores y poniendo la dignidad humana de los trabajadores ante todo lo demás; para el humanismo cristiano en las áreas de negocios, trabajo y sociedad, este es un interminable desafío global.

(CDSI 319, 321-322)

Tema especial

Inmigración

Elizabeth Reichert

192. ¿Tienen las personas derecho a emigrar?

Todas las personas tienen el derecho de asegurar las necesidades básicas para vivir. "Cuando lo aconsejen justos motivos, [uno puede] emigrar a otros países y fijar allí su domicilio. El hecho de pertenecer como ciudadano a una determinada comunidad política no impide en modo alguno ser miembro de la familia humana y ciudadano de la sociedad y convivencia universal, común a todos los hombres" (PT 25).

(PT 25)

> "Uno de los fenómenos más importantes en nuestros países es el proceso de movilidad humana, en su doble expresión de migración e itinerancia, en que millones de personas migran o se ven forzadas a migrar, dentro y fuera de sus respectivos países" (Aparecida 73).

193. ¿Cuáles son los derechos y las obligaciones de los inmigrantes indocumentados o no autorizados?

Los inmigrantes indocumentados son especialmente vulnerables a la explotación y a veces se los considera como no merecedores de derechos ni de servicios humanitarios. El estado legal de una persona no le quita su dignidad. "Todo emigrante es una persona humana que, en cuanto tal, posee derechos fundamentales inalienables que han de ser respetados por todos y en cualquier situación" (CV 62). Junto con estos derechos llegan las responsabilidades: "El inmigrante está obligado a respetar con gratitud el patrimonio material y espiritual del país que lo acoge, a obedecer sus leyes y contribuir a sus cargas" (CIC 2241).

(CDSI 297-298; CIglC 2241; CV 62)

> "La migración, forzada por la pobreza, está influyendo profundamente en el cambio de costumbres, de relaciones e incluso de religión" (Aparecida 90).

194. Los inmigrantes ¿quitarían el trabajo a los ciudadanos documentados y se transformarían en una carga para el Estado?

"La inmigración puede ser un recurso más que un obstáculo para el desarrollo. En el mundo actual (...) crece la emigración de personas en busca de mejores condiciones de vida, procedentes de las zonas menos favorecidas de la tierra; su llegada a los países desarrollados, a menudo es percibida como una amenaza para los elevados niveles de bienestar, alcanzados gracias a decenios de crecimiento económico. Los inmigrantes, sin embargo, en la mayoría de los casos, responden a un requerimiento en la esfera del trabajo que

de otra forma quedaría insatisfecho, en sectores y territorios en los que la mano de obra local es insuficiente o no está dispuesta a aportar su contribución laboral" (CDSI 297). Los inmigrantes hacen una contribución a la economía local a través de sus trabajos, sus compras y el pago de impuestos, y también colaboran con la economía de sus países a través del envío de dinero a sus familiares. Al mismo tiempo "estos trabajadores no pueden ser considerados como una mercancía o una mera fuerza laboral" (CV 62). Cada inmigrante, documentado o no, es una persona humana, y como tal, posee una fundamental dignidad y derechos inalienables.

(CDSI 297-298; CV 62; GS 66)

195. ¿Cuáles son los principales deberes del gobierno con respecto a la inmigración?

La Iglesia proclama que cuando existen razones justas las personas tienen el derecho a migrar. En consecuencia, "las naciones más prósperas tienen el deber de acoger, en cuanto sea posible, al *extranjero*" (CIglC 2241). Al mismo tiempo la Iglesia no promueve una política de "fronteras abiertas". Los gobiernos tienen el derecho y la obligación de proteger sus fronteras y de hacer cumplir sus leyes. "Ningún país por sí solo puede ser capaz de hacer frente a los problemas migratorios actuales" (CV 62).

Esta aparente contradicción entre derechos y obligaciones se reconcilia con un tercer principio: un país debe regular sus fronteras con justicia y misericordia, o con "criterios de equidad y de equilibrio"[29] (CDSI 298). "Aun cuando el Estado soberano

---

[29] Aquí el Compendio hace referencia a Juan Pablo II, *Mensaje para la jornada mundial de la paz,* 1 de enero de 2001 (Ciudad del Vaticano: Libreria

puede imponer límites razonables a la inmigración, no se sirve al bien común cuando se va contra los derechos humanos básicos del individuo" (*Carta pastoral de los Obispos Católicos de los Estados Unidos y México sobre la migración,* 39).

(CDSI 298; CIglC 2241; CV 62)

196. ¿Cuáles son algunos pasos positivos que se pueden tomar en una reforma migratoria?

No podemos ignorar el sufrimiento de nuestros hermanos y hermanas y de los miles que han dejado atrás su casa y su hogar solamente para perder sus vidas cruzando el desierto o las aguas peligrosas con la esperanza de un futuro mejor. "Es un fenómeno que impresiona por sus grandes dimensiones, por los problemas sociales, económicos, políticos, culturales y religiosos que suscita, y por los dramáticos desafíos que plantea a las comunidades nacionales y a la comunidad internacional. Podemos decir que estamos ante un fenómeno social que marca época, que requiere una fuerte y clarividente política de cooperación internacional para afrontarlo debidamente" (CV 62).

Primero, debemos afrontar la raíz de las situaciones que provocan la migración, por ejemplo: combatir la pobreza promoviendo desarrollos económicos sostenibles. Segundo, los sistemas legales inmigratorios necesitan ser reformados. La Iglesia no promueve la inmigración ilegal, pero sí aboga por cambios en el sistema que está quebrado. Los pasos prácticos incluyen ofrecer un camino para la inmigración legal, la reunificación fami-

---

Editrice Vaticana, 2001) 13; Pontificio Concejo "Cor Unum", *Refugiados: un desafío a la solidaridad* (Ciudad del Vaticano: Libreria Editrice Vaticana, 1992) 6.

liar y ofrecer un "debido proceso" migratorio para inmigrantes indocumentados.

(CDSI 298; CV 62; *Carta pastoral de los Obispos Católicos de los Estados Unidos y México sobre la migración,* 63-77)

"En la actualidad, esa misma fe ha de afrontar serios retos, pues están en juego el desarrollo armónico de la sociedad y la identidad católica de sus pueblos" (Benedicto XVI, Discurso inaugural en Aparecida).

Capítulo 7

La vida económica: desarrollo, prosperidad y justicia para todos

Martin Schlag

"El Santo Padre nos ha recordado que la Iglesia está convocada a ser «abogada de la justicia y defensora de los pobres» ante «intolerables desigualdades sociales y económicas», que «claman al cielo». Tenemos mucho que ofrecer, ya que no cabe duda de que la Doctrina Social de la Iglesia es capaz de suscitar esperanza en medio de las situaciones más difíciles, porque, si no hay esperanza para los pobres, no la habrá para nadie, ni siquiera para los llamados ricos. La opción preferencial por los pobres exige que prestemos especial atención a aquellos profesionales católicos que son responsables de las finanzas de las naciones, a quienes fomentan el empleo, los políticos que deben crear las condiciones para el desarrollo económico de los países, a fin de darles orientaciones éticas coherentes con su fe" (Aparecida 395).

La Iglesia no solo nos urge a tener a los pobres en nuestro corazón, sino que también enfatiza que debemos servir a los pobres con nuestra razón. Los que trabajan en empresas y en instituciones relacionadas a la economía, son los que pueden emplear su razón. Las empresas que obedecen las leyes morales y legales hacen un gran bien: generan trabajo, producen bienes, presentan innovaciones y mejoran nuestras vidas. La Iglesia quiere una economía que produzca riqueza, prosperidad y justicia para todos, no solo para unos pocos.

197. ¿A qué nos referimos cuando decimos "economía"?

Economía es el esfuerzo para proveer a las necesidades materiales de la persona humana de una manera sostenible y segura. Concretamente, esto incluye: la producción, distribución y consumo de los productos y servicios. Estos factores permiten la subsistencia y el desarrollo de los individuos, las sociedades y el mundo.

198. ¿Cuál es el objetivo de la economía?

El objetivo de la economía es poner a disposición de todos los productos y servicios que necesitan para sobrevivir y que hacen posible el desarrollo que Dios desea para ellos. Los recursos para hacer esto (materiales, maquinarias, tierras, mano de obra, etc.) son escasos. Por lo tanto, debemos organizar la economía y crear sistemas en los cuales estos materiales escasos se usen de la manera más eficiente posible. El principio y el fin de toda la economía es la persona humana. Al igual que en todas las actividades humanas, en la vida económica la dignidad humana debe ser respetada y promovida, como también lo deben ser la vocación personal para el desarrollo y bien común de toda la sociedad.

(CDSI 334, 346, 375; GS 63)

199. ¿Cuál es la relación entre economía y ética?

Como en cualquier esfera de la vida social, la economía tiene su propia lógica y sus propias leyes. Nuestro sistema económico es una economía de mercado, en la que el mercado es la institución más importante. En este "espacio" de mercado (eBay por ejemplo) compradores y vendedores se encuentran para negociar libremente sobre el precio, la cantidad y calidad de los productos.

La economía de mercado es altamente eficiente, pero para que sea verdaderamente libre y buena, requiere de virtudes, normas éticas, una cultura de trabajo y reglas legales claras que estén garantizadas por el Estado. El sistema social, también debe proveer por aquellos que no son capaces de trabajar por lesiones, enfermedades o por edad, y también por aquellos que por causas ajenas a ellos mismos, están sin dinero. El Concilio Vaticano II ha reconocido explícitamente la legitimidad de la "autonomía de la realidad" pero ha enfatizado en que no es "absoluta" sino simplemente "relativa" (cf. GS 36). Las leyes del mercado están sujetas a las leyes divinas y no pueden justificar conductas inmorales. Aún más, la ética es una parte esencial de una buena administración y gerenciamiento. Esto quiere decir que las acciones poco éticas, con el paso del tiempo, se vuelven también económicamente erróneas y viceversa: las acciones económicas erróneas son inmorales porque llevan a un desperdicio de recursos.

(CDSI 330-333; GS 36)

"Si muchas de las estructuras actuales generan pobreza, en parte se ha debido a la falta de fidelidad a sus compromisos evangélicos de muchos cristianos con especiales responsabilidades políticas, económicas y culturales" (Aparecida 501).

200. ¿Qué quiere decir esto en la práctica?

El aumento de las riquezas es moralmente bueno cuando no es solo para unos pocos y en cambio mejora la situación de todas las personas. El desarrollo no puede estar limitado solamente al aumento del consumo o al crecimiento económico, debe incluir el desarrollo integral de toda la persona. Aun más, un aumento en el consumo sin el conocimiento de cómo mantenerlo y reproducirlo, no es verdadero desarrollo o crecimiento económico. La fe, la familia, la educación y muchos valores más están incluidos en el concepto de desarrollo. Buscar la felicidad solamente a través del consumo, es realmente una forma de pobreza moral ("consumismo"). Por lo tanto, las buenas empresas deben, por encima del consumo, tener más en cuenta el desarrollo de la persona toda y no solo un aspecto de su bienestar, aunque éste sea un aspecto importante.

(CDSI 334)

201. ¿Cuál es la actitud de la Iglesia hacia la economía?

La Iglesia mira a la economía de manera positiva y quiere que los pobres estén incluidos en las estructuras de la economía. De esta manera, un creciente número de personas poseerá la dignidad de ganarse su propio pan y será capaz de disfrutar al menos de una propiedad modesta y de vivir sin miedo a la pobreza.

(CDSI 373-374; GS 63, 65; EG 202)

"Merecen aliento todos aquellos empresarios que, individualmente o a través de sus organizaciones, hacen esfuerzos para orientar a las empresas según las directivas del magisterio social de la Iglesia. De todo ello dependerá fundamentalmente que el cambio social y económico en Latinoamérica se encamine hacia una economía verdaderamente humana" (Medellín, 10).

202. ¿Qué es la globalización?

La economía global está cada vez más interconectada y es cada vez más interdependiente. La globalización es un proceso que comenzó después de la Guerra Fría con la apertura de las fronteras nacionales para el comercio internacional. Se hizo posible por las mejoras en las infraestructuras del transporte y la revolución digital, lo que llevó a mover la producción a lugares donde la mano de obra es más barata. Estas mejoras, llevaron al descubrimiento de nuevos mercados y a un mercado financiero más libre. Aún más, viajar por el mundo se ha vuelto más fácil y también el intercambio de información.

(CDSI 361)

"Como en todos los campos de la actividad humana, la globalización debe regirse también por la ética, poniendo todo al servicio de la persona humana, creada a imagen y semejanza de Dios" (Benedicto XVI, Discurso inaugural en Aparecida 2).

"Sentimos un fuerte llamado para promover una globalización diferente que esté marcada por la solidaridad, por la justicia y por el respeto a los derechos humanos, haciendo de América Latina y El Caribe no sólo el Continente de la esperanza, sino también el Continente del amor" (Aparecida 64).

203. ¿Qué dice la Iglesia sobre la globalización?

La globalización es un proceso alentador para la comunidad internacional, ofrece esperanza para un mejor y más sostenible futuro económico, pero también acarrea situaciones preocupantes. La esperanza la da el desarrollo y mejoramiento, a nivel global, de las condiciones materiales y culturales de vida. Las preocupaciones vienen por el aumento en las desigualdades, la explotación del pobre y la pérdida de la identidad cultural. En la era de la globalización, la solidaridad entre las personas y las generaciones, se vuelve especialmente importante.

(CDSI 342, 362-367)

> "En la globalización, la dinámica del mercado absolutiza con facilidad la eficacia y la productividad como valores reguladores de todas las relaciones humanas" (Aparecida 61).

204. ¿Cómo se puede promover el desarrollo?

El desarrollo no se puede equiparar solamente con el crecimiento económico. Para alcanzar el desarrollo (además del crecimiento económico) se requiere la participación de ciertas instituciones: primero, la familia, luego instituciones educativas y de salud, entre otras. Uno de los trabajos de la economía internacional, es lograr un desarrollo coherente e integral para toda la humanidad, esto es, para cada persona y para toda la persona. No es verdad que necesariamente el rico se vuelve más rico mientras el pobre se vuelve más pobre. En un sistema económico digno de la persona humana, la prosperidad económica de un grupo, mejora las condiciones de todos. Por esta razón, el desarrollo de los países pobres es ventajoso para los países ricos también.

(CDSI 373-374)

"Los tiempos de crisis económicas que están pasando nuestros países, no obstante la tendencia a la modernización, con fuerte crecimiento económico, con menor o mayor dureza, aumentan el sufrimiento de nuestros pueblos, cuando una fría tecnocracia aplica modelos de desarrollo que exigen de los sectores más pobres un costo social realmente inhumano, tanto más injusto cuanto que no se hace compartir por todos" (Puebla 50).

"El desarrollo, en efecto, no puede reducirse a un mero proceso de acumulación de bienes y servicios" (Aparecida 69).

205. ¿Pueden los negocios ser una vocación?

Sí. Dios llama a todos a la santidad de una manera especial y personal. "La actividad empresarial, que es una noble vocación orientada a producir riqueza y a mejorar el mundo para todos, puede ser una manera muy fecunda de promover la región donde instala sus emprendimientos, sobre todo si entiende que la creación de puestos de trabajo es parte ineludible de su servicio al bien común" (LS 129). Es justo usar bien los dones que uno ha recibido, incluidos los dones materiales; Jesús elogia esta actitud en la parábola de los talentos (cf. Mt 25,14-30; Lc 19,11-27).

(CDSI 326; LS 129)

206. Jesús fue pobre, ¿cómo puede uno entonces seguir a Cristo en los negocios?

Los cristianos están llamados a poner en práctica y a diseminar las virtudes de la fe, esperanza y amor, aún en el mundo de los negocios. Cualquier persona que sigue a Jesús debe recordar el deber de "acumular para Dios" (Lc 12,21). El objetivo más importante de la vida no puede ser el acumular riquezas materiales, sino más bien amar a Dios sobre todas las cosas y contribuir con amor, al desarrollo de las personas y de la sociedad; dependiendo del llamado individual de un hombre o de una mujer, una manera de hacerlo es a través de la vocación por los negocios.

(CDSI 326)

207. ¿Qué dice la Biblia sobre la riqueza y la pobreza?

La Biblia dice que no debemos aspirar a la riqueza en sí misma, sino a aquellos bienes que hacen posible una vida feliz. El dinero nunca se debe volver un ídolo. Jesús nos enseña a orar diciendo: "Danos hoy nuestro pan de cada día". Con estas palabras le pedimos al Padre lo que es necesario para nuestra vida en esta tierra. Oramos por el sustento de nuestra familia, pero también por los pobres y por todos los hombres y mujeres del mundo.

(CDSI 323-325)

> "Comprometidos con los pobres, condenamos como antievangélica la pobreza extrema que afecta numerosísimos sectores en nuestro Continente" (Puebla 1159).

208. La pobreza, ¿es siempre mala?

Cuando la pobreza es involuntaria e incluye miseria y falta de recursos básicos, es siempre un mal. "Los tiempos nos hablan de mucha pobreza en el mundo, y esto es un escándalo. La pobreza del mundo es un escándalo. En un mundo donde hay tantas, tantas riquezas, tantos recursos para dar de comer a todos, no se puede entender cómo hay tantos niños hambrientos, que haya tantos niños sin educación, ¡tantos pobres! La pobreza, hoy, es un grito" (Papa Francisco, *Diálogo con los estudiantes de las escuelas Jesuitas de Italia y Albania,* 7 de junio de 2013).

Sin embargo, una situación de pobreza relativa que no amenaza a la dignidad humana, puede llevar a las personas a reconocer ante Dios, sus verdaderas necesidades y así volverse a Él y confiar en Dios y su providencia. Mientras que todos los que quieren seguir a Jesús deben tener "el espíritu del pobre" (Mt 5,3), hay quienes voluntariamente renuncian a la riqueza para servir a Dios con un corazón libre. Los hombres y mujeres que viven de esta manera, dan testimonio al mundo del llamado de amar a Dios sobre todas las cosas y se conforman "a Cristo, que se hizo pobre y nos enriqueció con su pobreza" (Francisco, *Mensaje para la Cuaresma 2014,* citando 2 Cor 8,9) .

(CDSI 324; EV 53)

> "Comprobamos, pues, como el más devastador y humillante flagelo, la situación de inhumana pobreza en que viven millones de latinoamericanos expresada, por ejemplo, en mortalidad infantil, falta de vivienda adecuada, problemas de salud, salarios de hambre, desempleo y subempleo, desnutrición, inestabilidad laboral, migraciones masivas, forzadas y desamparadas, etc." (Puebla 29).

> "La pobreza hoy es pobreza de conocimiento y del uso y acceso a nuevas tecnologías. Por eso, es necesario que los empresarios asuman su responsabilidad de crear más fuentes de trabajo y de invertir en la superación de esta nueva pobreza" (Aparecida 62).

209. La prosperidad, ¿es siempre buena?

Una cierta medida de prosperidad es buena porque podemos dedicar tiempo a las amistades, la cultura y la religión. Sin embargo, existe el peligro de la arrogancia, presunción e insensibilidad hacia los demás. Una persona rica puede pensar que su bienestar es el resultado de sus propios esfuerzos separados de Dios. Jesús nos hizo una advertencia en contra de este pensamiento orgulloso: "¡Pobre loco! Esta misma noche te van a reclamar tu alma. ¿Quién se quedará con lo que has preparado?" (Lc 12,20).

(CDSI 325)

> "En fin, no podemos olvidar que la mayor pobreza es la de no reconocer la presencia del misterio de Dios y de su amor en la vida del hombre, que es lo único que verdaderamente salva y libera" (Aparecida 405).

210. ¿Cómo podemos entender las palabras de Jesús: "No os preocupéis por el día de mañana, pues el mañana se preocupará por sí mismo" (Mt 6,34), no es esto una contradicción al pensamiento económico?

No. Proveer prudentemente por las necesidades de uno mismo y de los demás, es consistente con las palabras de Jesús. Jesús también vivió con esta actitud como un carpintero que trabajaba para los demás. La ansiedad por el futuro, por el contrario, es incompatible con la confianza de un hijo de Dios.

(CIglC 533)

211. ¿Cómo debe responder un cristiano a su propia pobreza?

Un cristiano debe hacer todo lo moralmente posible, a través de un trabajo paciente y diligente, para liberarse a sí mismo y a su familia de la pobreza. En ocasiones, junto con otras personas, tendrá que contrarrestar las estructuras de exclusión que impiden el progreso de los pobres.

(CDSI 325)

212. ¿Cómo debe responder un cristiano a la pobreza de los demás?

Un cristiano comparte las alegrías y tristezas de los demás porque todos somos hermanos. Debemos hacer todos los esfuerzos para, no solamente mostrar compasión, sino también aliviar en lo que nos es posible el sufrimiento de los demás. Las maneras específicas de lograr esto, difieren mucho para cada persona. En general, hay dos maneras de combatir la pobreza. Una manera es ayudando directamente a los pobres a través de donaciones; mientras que esto es necesario para aliviar las necesidades inmediatas de los que están en situaciones desesperantes, también debemos trabajar con los pobres para encontrar soluciones a largo plazo y éste es el segundo enfoque. Las soluciones a largo plazo permitirán la liberación de los pobres de su pobreza, por ejemplo, ayudándolos a encontrar trabajo y ofreciéndoles entrenamientos y educación que esté a su alcance. Los empresarios buenos hacen una importante contribución para reducir la pobreza mediante la creación de trabajos y ofreciendo condiciones de trabajo dignas. A pesar de que las necesidades son inmensas, nadie debe sentirse sobrepasado por ellas y excusarse de las obras de misericordia.

(CDSI 329; CIglC 2447)

213. ¿Son el Reino de Dios y el progreso temporal la misma cosa?

Jesús dijo: "mi Reino no es de aquí" (Jn 18,36). El Reino de Dios no debe confundirse con el progreso material o terrenal. Sin embargo, "en cuanto [el progreso temporal] puede contribuir a ordenar mejor la sociedad humana, interesa en gran medida al reino de Dios" (GS 39). La conciencia sobre nuestra responsabilidad en el mundo ante Dios, es un buen incentivo para trabajar por un desarrollo integral.

(CDSI 55; GS 39)

214. ¿Se identifica la Iglesia Católica con un modelo económico específico como el capitalismo, socialismo o liberalismo?

En término generales, la Iglesia apoya una economía de mercado que incluya a cada persona y a todas las personas y que está guiada por los principios de justicia social y caridad. La Iglesia, sin embargo, no se identifica con ningún modelo económico o partido político en particular. Tampoco propone "soluciones técnicas", propone el evangelio. A través de los siglos y basándose en el evangelio, ha elaborado algunos principios para la vida social, como el respeto por la dignidad humana, la solidaridad y la subsidiaridad. Los cristianos activos en el sector económico están llamados a aplicar estos principios según los guíe la conciencia bien formada.

(CDSI 72)

> "Fomentar la búsqueda e implementación de modelos socioeconómicos que conjuguen la libre iniciativa, la creatividad de personas y grupos, la función moderadora del Estado, sin dejar de dar atención especial a los sectores más necesitados. Todo esto, orientado a la realización de una economía de la solidaridad y la participación, expresada en diversas formas de propiedad" (Santo Domingo, Conclusiones 201).

215. ¿Entonces la Iglesia nunca interfiere en cuestiones relacionadas a la economía?

Cuando los derechos fundamentales de la persona o la salvación de las almas lo requieren, la Iglesia debe alzar su voz para denunciar las injusticias sociales y los abusos.

(GS 76; CIglC 2245-2246)

> [La actividad empresarial] "se pervierte cuando, buscando solo el lucro, atenta contra los derechos de los trabajadores y la justicia" (Aparecida 122).

216. ¿Qué dice la Iglesia sobre el capitalismo?

Teniendo en mente el fracaso de la planificación central del sistema Soviético, Juan Pablo II respondió a la pregunta de si los países deben adoptar el capitalismo: "Si por «capitalismo» se entiende un sistema económico que reconoce el papel fundamental y positivo de la empresa, del mercado, de la propiedad privada y de la consiguiente responsabilidad para con los medios de producción, de la libre creatividad humana en el sector de la economía, la respuesta ciertamente es positiva, aunque quizá sería más apropiado hablar de «economía de empresa», «economía de mercado», o simplemente de «economía libre». Pero si por «capitalismo» se entiende un sistema en el cual la libertad, en el ámbito económico, no está encuadrada en un sólido contexto jurídico que la ponga al servicio de la libertad humana integral y la considere como una particular dimensión de la misma, cuyo centro es ético y religioso, entonces la respuesta es absolutamente negativa" (CA 42).

(CDSI 335; CA 42)

217. ¿Cómo se debería cambiar el orden económico para que pueda servir efectivamente a la persona humana y al bien común?

Todo cambio social se inicia en lo personal, con una renovación interior del hombre y la mujer. Aún así, la comunidad también tiene el deber de mejorar sus estructuras e instituciones sociales. Para lograr esto, se necesita una combinación de virtudes personales y de instituciones sociales y económicas. Las instituciones económicas necesarias se caracterizarán, entre otras cosas, por la propiedad privada, la moneda, las ganancias y la competencia en un mercado libre. Las instituciones sociales necesarias incluyen la comunidad política a la que uno pertenece. Entre las virtudes, la justicia y el amor son de particular importancia. Estas virtudes guían a las personas a trabajar con honestidad y transparencia y también motivan a la persona a realizar trabajo voluntario y en organizaciones sin fines de lucro.

(CDSI 42, 343-345; CIglC 1888)

218. ¿Qué dice la Iglesia sobre la propiedad privada?

Todos tienen el derecho natural a los frutos de su trabajo y a los medios para alcanzar esos frutos. Donde hay grandes extensiones de tierra improductiva y personas deseosas de trabajarlas, existe el "derecho natural a poseer un lote racional de tierra donde [el hombre] pueda establecer su hogar, trabajar para la subsistencia de su familia y tener seguridad existencial. Este derecho debe estar garantizado para que su ejercicio no sea ilusorio sino real. Lo cual significa que, además del título de propiedad, el campesino debe contar con medios de educación técnica, créditos, seguros y comercialización"[30] (LS 94).

(CDSI 176-184; GS 71; LS 94)

219. ¿Es éste un derecho absoluto?

El derecho de propiedad privada crea libertad individual al garantizar independencia material, promover el trabajo y clarificar que pertenece a quien, por lo tanto, contribuye a compartir las propiedades y a la paz social. Sin embargo, las graves desigualdades que pueden resultar son las que causan injusticias y

---

[30] Aquí Francisco cita la carta Pastoral de los Obispos de la Conferencia Episcopal Paraguaya, *El campesino paraguayo y la tierra,* 12 de junio de 1983 (Asunción, Paraguay: Conferencia Episcopal Paraguaya, 1983), 2.4.d. Disponible en https://episcopal.org.py/?news=el-campesino-paraguayo-y-la-tierra-12-de-junio-de-1983.

conflictos. La superioridad económica de una persona puede poner a la otra en una posición de inferioridad y desventaja. Esto puede llevar a la explotación en las relaciones laborales y en las relaciones económicas en general. Por esta razón es importante comprender que la propiedad privada también está bajo una "hipoteca social," lo que quiere decir que la propiedad debe ser usada para el bien común de todos, porque Dios creó los bienes materiales para todos.

(CDSI 176-184, 328-329)

220. ¿Qué dice la Biblia sobre el dinero?

El dinero es un medio de intercambio, una medida para asignar un valor a las cosas y una reserva para el futuro. El dinero es entonces solamente un medio: nunca debe volverse un fin en si mismo. Jesús explícitamente dijo: "No podéis servir al mismo tiempo a Dios y al dinero" (Mt 6,24). El dinero nunca debe volverse un ídolo. Aquellos que persiguen al dinero se vuelven esclavos de el. Por otro lado, el dinero se puede poner al servicio de Dios.

(CDSI 328; EG 55)

221. ¿Está permitido el lucro de las compañías?

Sí. El lucro es un indicador básico del éxito de una compañía, pero no es una evidencia suficiente de que la compañía está verdaderamente sirviendo a la sociedad. Para alcanzar un desarrollo sostenible, la búsqueda de las ganancias debe estar en línea con la protección fundamental de la dignidad de la persona. Las ganancias que se logran con la explotación o con la violación de la justicia social o del derecho de los trabajadores son injustas.

(CDSI 340)

222. ¿Es algo bueno el mercado libre?

Sí. En un mercado libre la gente libremente ofrece y compra bienes y servicios dentro de un marco legal y ético. En una economía de mercado, los consumidores determinan qué se produce, a qué precio y en qué cantidad. El mercado ético ha demostrado ser capaz de mantener un desarrollo económico sostenible a largo plazo. La Iglesia aprecia las ventajas que ofrece el mercado libre haciendo un mejor uso de los recursos. Existen sin embargo, otros supuestos "mercados" que no merecen ser llamados así ya que son inmorales, como el tráfico de drogas, el tráfico humano y la venta ilegal de armas entre otros. En particular, el mercado libre ético no se debe confundir con el clientelismo u otras formas de mercado corrompido.

(CDSI 347)

> "La economía de mercado libre, en su expresión más rígida, aún vigente como sistema en nuestro continente y legitimada por ciertas ideologías liberales, ha acrecentado la distancia entre ricos y pobres por anteponer el capital al trabajo, lo económico a lo social. Grupos minoritarios nacionales, asociados a veces con intereses foráneos, se han aprovechado de las oportunidades que le abren estas viejas formas de libre mercado, para medrar en su provecho y a expensas de los intereses de los sectores populares mayoritarios" (Puebla 47).

223. El mercado libre no opera sin competencia, pero, ¿la competencia va en contra de la caridad cristiana?

Depende. La competencia es el deseo deportivo de superar al rival y un medio eficiente de lograr importantes objetivos de justicia: disminuir los precios, mejorar las respuestas de los empresarios a las necesidades de los consumidores y usar más responsablemente los recursos. La competencia premia los esfuerzos de las corporaciones, las innovaciones, las destrezas, etc. En este sentido, la competencia es buena. Sin embargo, la competencia es mala si se lleva a cabo con medios injustos y desleales (por ejemplo, el fraude), o si se manipulan las reglas para favorecer injustamente a uno de los competidores, o cuando está inspirada por el odio.

(CDSI 347; CV 66)

224. El mercado libre, ¿no tiene límites ni otro objetivo que no sea hacer dinero?

No. El mercado está sujeto a condiciones y límites éticos, legales y culturales. Por ejemplo hay muchos bienes que no tienen precio y que no se comercializan: la persona humana, los órganos y también las amistades, el perdón, las relaciones familiares, etc. La persona humana y sus necesidades son el objetivo del mercado. Desafortunadamente, hay muchas personas que no tienen acceso al mercado y no pueden cubrir sus necesidades básicas. En estos casos, se debe recordar que la importancia y el valor de un hombre no están determinados por "algo que tiene" sino que sencillamente por el hecho de que el o ella "es alguien": un ser humano, nuestro hermano o hermana con su inherente dignidad. "Es un estricto deber de justicia y de verdad impedir que queden sin satisfacer las necesidades humanas fundamentales y que perezcan los hombres oprimidos por ellas" (CA 34).

(CDSI 348-350; CA 34)

225. El gobierno, ¿tiene algún rol en la economía?

Sí. El gobierno tiene un rol importante en la economía. Sus acciones deben tener un balance adecuado, ni muy intervencionista, ni muy precavido, y debe respetar el principio de subsidiaridad. Esto quiere decir que el principal deber del gobierno o del estado en la economía, es crear condiciones favorables para el libre ejercicio de la actividad económica, principalmente estableciendo un marco legal para esta actividad y permitiendo la auto-ayuda. El gobierno debe promover la cooperación, especialmente para las "pequeñas unidades" como la familia, las pequeñas empresas y comunidades locales, sin reemplazarlas sino mas bien permitiendo que provean sus servicios con sus propios esfuerzos en todo lo que sea posible. Cuando la auto-ayuda no es posible, el estado debe actuar de acuerdo al principio de solidaridad y proteger al más vulnerable.

(CDSI 336-337, 351-355; LS 129)

226. Además de los sectores públicos y privados, ¿hay otras instituciones que operan en el mercado?

Hay un número cada vez mayor de instituciones económicas trabajando en la sociedad civil y basadas en principios económicos formadas y manejadas por grupos privados en busca de objetivos para el bien común. Muchos de estos ejemplos se pueden encontrar en la provisión de cuidados de salud, asistencia a los enfermos y ancianos, grupos vecinales, grupos que promueven la conservación y protección del medio ambiente, etc. Estas actividades desarrollan la solidaridad y son particularmente importantes para el tejido social.

(CDSI 357; CV 39-40)

227. ¿Qué es una empresa?

Una empresa es una unidad de producción que incluye: personas, equipamientos, edificios, dinero, etc.; pero sobre todo una empresa es una "sociedad de personas" (CA 43). Un empresario debe servir a las personas produciendo bienes o servicios que son verdaderamente buenos y útiles.

(CDSI 338; CA 43)

> "La empresa está llamada a prestar una contribución mayor en la sociedad, asumiendo la llamada responsabilidad social-empresarial desde esa perspectiva [del desarrollo humano integral]" (Aparecida 69).

228. ¿Cuál es la relación entre compañías, emprendimiento y virtud?

"Cuando las empresas están bien gestionadas promueven activamente el reconocimiento de la dignidad de las personas empleadas y el desarrollo de virtudes como la solidaridad, la sabiduría práctica, la justicia, la laboriosidad, la gestión y muchas otras. Mientras que la familia es la primera escuela de la sociedad, las empresas, al igual que múltiples instituciones sociales, continúan educando a las personas en las virtudes" (VLE).

(VLE 3)

"La actividad empresarial es buena y necesaria cuando respeta la dignidad del trabajador, el cuidado del medio ambiente y se ordena al bien común" (Aparecida 122).

229. ¿Es el éxito una prioridad para las empresas?

Por supuesto. En primer lugar, el éxito consiste en la generación eficiente de ganancias, pero no se limita solamente a ésto. Una empresa es verdaderamente exitosa solo cuando crea un valor real y sostenible para las personas y la sociedad, es decir, el bienestar físico, mental, psicológico, moral y espiritual de los demas. No es suficiente para una empresa la redistribución de sus ganancias luego de que ha creado riquezas; es primeramente necesario que produzca un valor social, humano y ambiental como resultado directo de su actividad económica y creación de ganancias. El éxito en el sentido completo de la palabra "está indefectiblemente unido a esta noción más amplia del bienestar" (VLE 54).

(CDSI 332, 339-340; VLE 54)

230. La confianza, ¿es importante para la economía?

Sí. La confianza es crucial para el funcionamiento de la economía. Sin ella, no nos atreveríamos a firmar un contrato, comprar un producto o unirnos a una compañía. La confianza se gana con comportamientos fiables y actitudes virtuosas y se destruye con el pecado.

(CDSI 343)

231. ¿Qué virtudes son particularmente importantes en la economía?

Las virtudes son rasgos positivos del carácter que nos ayudan a reconocer el bien y a hacerlo libremente y con gozo. Las virtudes humanas mas importantes son: la prudencia, justicia, fortaleza y templanza. Además, junto con Su gracia santificante, Dios nos da las tres virtudes teológicas de la fe, esperanza y caridad. Todo esto lo necesitamos en la economía, pero de manera particular, las virtudes de justicia y caridad son importantes en este campo.

(CDSI 327, 343; YC 299-309)

232. ¿Cómo actuamos con justicia en la economía?

Actuamos con justicia cuando le damos al otro lo que le corresponde. En economía esto consiste primariamente en el fiel cumplimiento de los contratos, respetando los acuerdos, la entrega puntual de bienes que están en buenas condiciones y haciendo los pagos en el tiempo estipulado. Para ser justo, los contratos se deben hacer libremente, esto quiere decir que las partes entran en él sin engaños, miedo o coerción. Las grandes desigualdades económicas pueden provocar injusticias cuando el socio del negocio con más poder impone condiciones en la otra parte.

(CIglC 2411)

233. ¿Cuándo el precio es legítimo y justo?

En principio, el precio es justo y legítimo cuando es el resultado de una libre negociación en el juego de la oferta y la demanda. Sin embargo, muchos factores pueden distorsionar este libre acuerdo: fraude, falta de información, monopolios de compradores y vendedores, la necesidad extrema de uno de los socios, etc. Todas estas formas de explotación junto con tasas de intereses desproporcionadas (usura), son pecados en contra de la justicia.

(CDSI 341; CIglC 2414)

234. El amor define a la familia y a las amistades. ¿Juega algún papel el amor en la economía?

Sí. Los valores de la verdad, justicia y libertad nacen y crecen desde el amor. Sin amor, la justicia se vuelve dura y amarga. La economía no es una máquina descorazonada que funciona de acuerdo a leyes mecánicas, sino un encuentro e intercambio entre personas que son responsables el uno del otro.

(CDSI 204-208)

235. ¿Existen ejemplos de ésto?

Un gran número de empleadores y empleados van mucho mas allá de lo que se requiere de ellos por estricto deber. Ellos hacen ésto por su sentido de responsabilidad y amor por sus trabajos y por las personas que dependen de sus servicios. Las inversiones también pueden ser un acto de generosidad porque invertir supone sacrificar el consumo inmediato y usar los fondos para crear trabajo. Las empresas sociales sin fines de lucro que persiguen objetivos sociales con espíritu emprendedor pueden ser otra manifestación de generosidad, justicia y caridad.

(CDSI 356-357)

236. En el mundo de la economía, ¿qué pecados se deben evitar?

Todos los pecados se deben evitar siempre y en todo lugar, en todas las áreas de la vida, ya sea en los negocios, la política o en la vida privada. Este no es un estándar imposible o irrealista, sino un requisito para una vida feliz en sociedad. En la vida económica, se debe estar especialmente atento a la codicia, la corrupción y a todas las formas de injusticia como el robo, el fraude, la usura, la explotación, etc.

(CIglC 2408-2414)

237. ¿Son los mercados financieros, los bancos y las inversiones a gran escala estructuras de pecado?

No. El mercado financiero y los bancos, si están orientados al bien común, proveen un importante servicio: el dinero requerido por las empresas y la economía (capital financiero). Por esta razón, el deudor debe pagar intereses como el precio por la disponibilidad de liquidez. La especulación también puede ser buena en la medida que cree un balance entre cantidad y precio entre las regiones y en los períodos de escasez y abundacia. Desafortunadamente, estos instrumentos financieros frecuentemente se usan incorrecta e irresponsablemente perdiendo el contacto con la economía real. Los mercados financieros se vuelven inflados debido a la irresponsable expansion monetaria y crediticia.

(CDSI 368)

> "Trabajar por el bien común global es promover una justa regulación de la economía, finanzas y comercio mundial" (Aparecida 406c).

238. ¿Cómo se puede mejorar esta situación?

Hay una necesidad de conversión de corazones y de observar los principios éticos. La situación presente también llama a una total transparencia en las operaciones y una regulación legal de los mercados financieros internacionales para que esté dentro de un marco legal uniforme y vinculante.

(CDSI 369-372)

TEMA ESPECIAL

Envejecimiento de las personas

Elizabeth Reichert

239. ¿Por qué el envejecimiento es un tema importante en el mundo de hoy?

Mientras que grandes partes del mundo continúan viendo un constante crecimiento de su población, muchos países, también en América Latina, están experimentando un cambio dramático en su demografía. Mientras que la tasa de natalidad disminuye y la expectativa de vida aumenta, la población está envejeciendo rapidamente. Esto quiere decir que el porcentaje de personas en edad de producir disminuye, mientras que el número de jubilados aumenta. Como Juan Pablo II remarcó, "el envejecimiento de la población mundial será ciertamente uno de los fenómenos más relevantes del siglo XXI" (*Carta de Juan Pablo II al Presidente de la II asamblea mundial sobre el envejecimiento,* 2002).

240. ¿Cuáles son algunas de las cuestiones preocupantes relacionadas al envejecimiento?

A nivel cultural y humano, los ancianos se enfrentan no sólo a las enfermedades y sufrimientos que llegan con la edad, también se enfrentan al aislamiento, la soledad y al olvido; como el Papa Francisco ha dicho: "la privación más grave que sufren las personas ancianas no es el debilitamiento del organismo y la discapacidad que deriva de ello, sino el abandono, la exclusión, la privación del amor" (*Mensaje del Santo Padre Francisco a los participantes en la asamblea general de la Academia Pontificia para la Vida,* 2014). A nivel económico, el envejecimiento aumenta el déficit en el sistema de pensiones y aumenta los costos por los cuidados de salud.

> "También los ancianos, que además de sentirse excluidos del sistema productivo, se ven muchas veces rechazados por su familia como personas incómodas e inútiles" (Aparecida 65).

241. ¿Cómo deberían tratarse estos problemas?

Primero, "el problema" no es el número de ancianos: "Los ancianos, en efecto, no deben ser considerados como un peso para la sociedad, sino como un recurso que puede contribuir a su bienestar" (*Carta de Juan Pablo II al presidente de la II Asamblea mundial sobre el envejecimiento,* 2002). No es simplemente una cuestión de qué podemos hacer *por* ellos, mas bien, qué podemos hacer juntos *con* ellos. Para poder construir una cultura que promueva la dignidad de cada persona, "será cada vez más urgente promover esta cultura de una ancianidad acogida y valorada, no relegada al margen" (CAnc 13).

(CDSI 222)

242. ¿Cómo debemos tratar a los ancianos?

Debemos honrarlos, como el mismo Dios lo manda: "Honra a tu padre y a tu madre, como el Señor, Dios tuyo, te lo tiene mandado, y tus días se prolongarán por mucho tiempo y te irá bien en la tierra que el Señor, tu Dios, te da" (Dt 5,16) "Honrar a los ancianos supone un triple deber hacia ellos: acogerlos, asistirlos y valorar sus cualidades" (CAnc 12).

"¡Oh buen Pastor, quédate con nuestros ancianos y con nuestros enfermos!" (Benedicto XVI, Discurso inaugural en Aparecida).

243. ¿Es el trato que le damos a los ancianos, los enfermos y minusválidos una manera de medir la humanidad de la sociedad?

Sí. "Una sociedad es verdaderamente acogedora de la vida cuando reconoce que ella es valiosa también en la ancianidad, en la discapacidad, en la enfermedad grave e, incluso, cuando se está extinguiendo; cuando enseña que la llamada a la realización humana no excluye el sufrimiento, más aún, enseña a ver en la persona enferma un don para toda la comunidad, una presencia que llama a la solidaridad y a la responsabilidad. Este es el evangelio de la vida..." *(Mensaje del Santo Padre Francisco a los participantes en la Asamblea general de la Academia Pontificia para la vida,* 2014).

"Niños y ancianos construyen el futuro de los pueblos. Los niños porque llevarán adelante la historia, los ancianos porque transmiten la experiencia y la sabiduría de sus vidas" (Aparecida 447).

244. La Iglesia, ¿ofrece alguna solución a los problemas que rodean a los sistemas de pensiones?

Mientras que no es función de la Iglesia proponer sugerencias específicas, sí define principios importantes y relevantes. Primero que todo, "para responder a esta cuestión es necesario no dejarse guiar principalmente por criterios económicos, sino inspirarse más bien en sólidos principios morales" (*Carta de Juan Pablo II al presidente de la II Asamblea mundial sobre el envejecimiento,* 2002). Más concretamente, esta cuestión demanda la aplicación apropiada de *ambos* principios: el de solidaridad y el de subsidiaridad. Por un lado, el principio de solidaridad nos lleva a reconocer la dignidad de cada persona en vez de basar su valor en su mera utilidad. Nos llama a estar atentos a nuestros hermanos y hermanas mirando que reciban el cuidado que necesitan. Por otro lado, la solidaridad sin subsidiaridad, lleva a un "Estado asistencialista". La intervención del Estado cuando es requerida para el bien común, debe ser limitada y debe apoyar a las familias y comunidades desde las estructuras mas cercanas a ellos porque "parece que conoce mejor las necesidades y logra sastisfacerlas de modo más adecuado quien está próximo a ellas o quien está cerca del necesitado" (CA 48).

(CDSI 187-188; CA I48)

CAPÍTULO 8

La vida política: paz, libertad y justicia en la sociedad

Martin Schlag

Un buen cristiano participa activamente en la vida política y reza para que los políticos amen a su pueblo y le sirvan con humildad.

Véase Papa Francisco, *meditación matutina*,
16 de septiembre de 2013

Las naciones modernas son muy complejas. La política y los políticos tienen el llamado supremo de servir al bien común de sus países. Sus servicios son una manera de poner la caridad en acción. La Iglesia no se identifica con ningún partido político ni tampoco propone una vía específica, más bien, ella proclama los principios y valores que ordenan la vida política hacia su fundamento y propósito: la persona humana.

245. ¿Para qué sirve la política?

Todos viven en comunidades: familias, asociaciones, vecindarios, etc. Al más alto nivel de organización social, vivimos en un Estado. La política sirve para unir y ordenar a una multitud de personas con diferentes necesidades e intereses en la búsqueda del bien común.

246. ¿Qué es un Estado?

Un Estado consiste en un grupo de personas que viven juntas en un territorio común y que están gobernadas por una autoridad política.

247. ¿Cuáles son las formas de Estado?

Con la expresión "formas de Estado" nos referimos a la determinación de quién tiene el poder de definir la Constitución del país. Según este criterio se distinguen monarquías, aristocracias y democracias. En las monarquías la autoridad política la ejerce solo una persona, el monarca. En las aristocracias la autoridad está compartida entre el pequeño grupo que gobierna. En las democracias la autoridad política reside en la población en general; la autoridad se ejerce de manera indirecta a través de representantes o de manera directa a través del voto.

248. ¿Qué enseña Jesús sobre la política?

"Entonces Jesús les dijo: «Dad al César las cosas del César, y a Dios lo que corresponde a Dios»" (Mc 12,17; cf. Mt 22, 15-22; Lc 20, 20-26). Afirmando esto, Jesús implícitamente condena "cualquier intento de divinizar y de absolutizar el poder temporal: sólo Dios puede exigir todo del hombre. Al mismo tiempo, el poder temporal tiene derecho a aquello que le es debido: Jesús no considera injusto el tributo al César" (CDSI 379).

(CDSI 379)

249. ¿Qué escriben San Pablo y otros testigos bíblicos sobre la política?

Debemos obedecer a la autoridad legítima "por deber de conciencia" (Rom 13,5) como un orden establecido por Dios. El apóstol ciertamente no tiene la intención de legitimizar toda autoridad existente, mas bien enseña que el poder político debe garantizar que podamos "llevar una vida tranquila y en paz con toda piedad y dignidad" (1 Tim 2,2).

(CDSI 380-381)

250. De manera resumida, ¿cuál es la enseñanza bíblica sobre la autoridad política?

"El mensaje bíblico inspira incesantemente el pensamiento cristiano sobre el poder político, recordando que éste procede de Dios y es parte integrante del orden creado por Él. Este orden, es percibido por las conciencias y se realiza, en la vida social, mediante la verdad, la justicia, la libertad y la solidaridad que procuran la paz"[31] (CDSI 383).

(CDSI 383)

---

[31] Aquí el Compendio hace referencia a PT 35-38,75-129,161-165; SRS 39.

251. ¿Cuál es la base y el propósito de la autoridad política?

El fundamento y el propósito de toda actividad y vida política es la persona humana. La comunidad política está basada en las leyes morales que Dios ha impreso en nuestra naturaleza humana. Nuestra conciencia nos revela este orden moral y obedecerlo es la llave para alcanzar el bien común.

(CDSI 384)

> "El ejercicio de la autoridad política y sus decisiones tienen como única finalidad el bien común. En Latinoamérica tal ejercicio y decisiones con frecuencia aparecen apoyando sistemas que atentan contra el bien común o favorecen a grupos privilegiados. La autoridad deberá asegurar eficaz y permanentemente a través de normas jurídicas, los derechos y libertades inalienables de los ciudadanos y el libre funcionamiento de las estructuras intermedias" (Medellín 16).

252. ¿No puedo ser feliz por mí mismo? ¿Tengo que vivir en una comunidad política?

Cada uno de nosotros es libre para buscar su propia felicidad. Sin embargo, vivir en un Estado —lo que implica vivir en una comunidad política— es natural para nosotros; nos ayuda a alcanzar nuestro completo desarrollo como personas humanas. A través de nuestra cooperación para alcanzar el bien común. Nos desarrollamos: la persona humana no es solamente un individuo autónomo inclinado a sus propios intereses, por el contrario, llega a ser el mismo o ella misma en su relación con los demás.

(CDSI 384)

253. ¿Cómo podemos definir al pueblo de un Estado político?

Las características más importantes de un pueblo son una vida compartida y valores compartidos, los cuales son la fuente de comunión a nivel espiritual y moral.

(CDSI 386)

254. ¿Qué debe conceder un Estado a su pueblo?

El objetivo de la vida política es lograr el bien común, lo que consiste en paz, libertad y justicia para todos. La autoridad política de una nación debe reconocer y respetar la dignidad humana defendiendo y promoviendo los fundamentales e inalienables derechos humanos que no se deben sacrificar por el bien común. También es necesario que cada ciudadano cumpla con sus correspondientes deberes.

(CDSI 388-389)

255. ¿Qué son los derechos humanos?

Los derechos humanos otorgan protección contra el poder del gobierno. Ciertas esferas de la vida no deben ser infringidas por la autoridad gubernamental: la vida, la libertad, la propiedad, creencias religiosas, la conciencia, etc. Con el paso del tiempo muchos de estos derechos han sido confirmados. Desde la Segunda Guerra Mundial se han desarrollado un nuevo tipo de derechos humanos relacionados con la seguridad y protección social: los "derechos sociales". Dichos "derechos" deberían llamarse "normas programáticas". Por ello, esto es porque no se pueden demandar por ley en un tribunal (por ejemplo, uno no puede demandar que el gobierno le dé trabajo) sino que sirven como objetivos para políticas que promueven el logro de ellos. Estos incluyen el derecho al trabajo, a la educación, a la salud, etcétera.

> "Países como los nuestros en donde con frecuencia no se respetan derechos humanos fundamentales —vida, salud, educación, vivienda, trabajo...—, están en situación de permanente violación de la dignidad de la persona" (Puebla, 41).

256. ¿Cuál es el origen de los derechos humanos y qué los caracteriza?

Los derechos humanos tienen sus raíces en la dignidad de cada ser humano. Estos derechos son universales, inviolables e inalienables. Ya que no están otorgados por la mera voluntad de los hombres, por los poderes públicos o por el Estado, nadie puede ser privado de sus derechos humanos. Por el contrario, los individuos deben respetar los derechos humanos de los demás y las autoridades públicas los deben garantizar.

(CDSI 153)

257. La Iglesia, ¿proclama los derechos humanos?

"La Iglesia, pues, en virtud del Evangelio que se le ha confiado, proclama los derechos del hombre" (GS 41). Proclamando los derechos humanos, la Iglesia ve una oportunidad extraordinaria de reconocer la dignidad humana más eficientemente y de promoverla universalmente como una característica inscrita por Dios Creador en cada hombre y en cada mujer.

(CDSI 152)

258. ¿No sería egoísta demandar derechos humanos solamente para uno mismo?

Sí. En realidad la Iglesia recalca la conexión entre derechos y obligaciones. Sería una contradicción reclamar para uno mismo, los derechos que uno mismo le niega a otra persona. Cada derecho conlleva también una responsabilidad correspondiente. "Por tanto, quienes, al reivindicar sus derechos, olvidan por completo sus deberes o no les dan la importancia debida, se asemejan a los que derriban con una mano lo que con la otra construyen" (CDSI 156 citando PT 30). Una excesiva afirmación de los derechos, puede dar lugar a un exagerado individualismo que ignora el bien común.

(CDSI 156, 158)

> "La democracia y la participación política son fruto de la formación que se hace realidad solamente cuando los ciudadanos son conscientes de sus derechos fundamentales y de sus deberes correspondientes" (Aparecida 77).

259. ¿Tienen derechos especiales las minorías de una nación?

La Iglesia afirma que las minorías poseen derechos y obligaciones específicos, y por encima de todo, el derecho a existir. Aún más, las minorías tienen el derecho a conservar su cultura, incluyendo el idioma, y a mantener sus creencias religiosas, incluyendo sus servicios religiosos.

(CDSI 387)

260. ¿Qué enseña la Iglesia sobre la democracia?

"La Iglesia aprecia el sistema de la democracia, en la medida en que asegura la participación de los ciudadanos en las opciones políticas y garantiza a los gobernados la posibilidad de elegir y controlar a sus propios gobernantes, o bien la de sustituirlos oportunamente de manera pacífica" (CA 46).

(CDSI 406; CA 46)

"Compete también a la Iglesia colaborar en la consolidación de las frágiles democracias, en el positivo proceso de democratización en América Latina y El Caribe, aunque existan actualmente graves retos y amenazas de desvíos autoritarios. Urge educar para la paz, dar seriedad y credibilidad a la continuidad de nuestras instituciones civiles, defender y promover los derechos humanos, custodiar en especial la libertad religiosa y cooperar para suscitar los mayores consensos nacionales" (Aparecida 541).

261. En una democracia, la mayoría establece las leyes. ¿Puede la mayoría, moralmente hablando, pasar cualquier ley que desee?

No, una democracia no debe destruir los valores fundamentales sobre los que está fundada. Estos son: "la dignidad de toda persona humana, el respeto de los derechos del hombre, [y] la asunción del «bien común» como fin y criterio regulador de la vida política. Si no existe un consenso general sobre estos valores, se pierde el significado de la democracia y se compromete su estabilidad" (CDSI 407).

(CDSI 397-398, 407)

262. ¿Qué es el "relativismo ético"?

El relativismo ético es la creencia de que no hay criterios objetivos y universales para establecer las normas morales. De acuerdo con la doctrina social de la Iglesia, el relativismo ético es una de las grandes amenazas de las democracias modernas.

(CDSI 407)

263. Además de los valores importantes de la dignidad humana y de los derechos humanos, ¿hay algo más que se necesita para que exista la democracia?

Sí. La democracia necesita instituciones. Estas instituciones incluyen: elecciones libres y generales, la separación de poderes, responsabilidad de la autoridad política ante el pueblo, jueces independientes e imparciales y una lícita administración pública. La Iglesia reconoce la importancia de todas ellas.

(CDSI 408)

264. ¿Son importantes los partidos políticos para la democracia?

Sí. Los partidos políticos son beneficiosos para la democracia. "Los partidos políticos tienen la tarea de favorecer una amplia participación y el acceso de todos a las responsabilidades públicas" (CDSI 413). Deben siempre buscar el bien común de toda la nación y no solo el interés de sus electores.

(CDSI 413)

265. ¿Qué es la "sociedad civil"?

La expresión "sociedad civil" se refiere a las relaciones y recursos que son relativamente independientes de la esfera política y que no han sido absorbidos por el Estado. Consiste en una red de relaciones humanas, asociaciones, corporaciones e instituciones que tienen un propósito social, pero que no están dirigidas por el gobierno. El principio de subsidiaridad protege la integridad de la sociedad civil. La solidaridad también encuentra su lugar natural en la sociedad civil, ya que eleva la sociedad toda, incluyendo a la esfera política.

(CDSI 417-420; CV 39)

266. ¿Hay diferencias entre el poder político y la autoridad política?

Sí. *Poder* es una fuerza que se puede usar para los dos: el bien y el mal. La *autoridad* política es poder dirigido exclusivamente hacia el bien común.

267. ¿Cuándo la autoridad política se ejerce de manera legítima?

"La autoridad se ejerce de manera legítima cuando procura el bien común, y para conseguirlo utiliza medios moralmente lícitos" (CompCIglC 406). La autoridad política, debe garantizar una vida comunitaria ordenada y sin usurpar las libres actividades individuales y grupales. Cuando esta libertad está orientada al bien común, debe respetar y defender la independencia de los sujetos individuales y sociales.

(CDSI 394)

"Se ve ausencia de jóvenes en lo político debido a la desconfianza que generan las situaciones de corrupción, el desprestigio de los políticos y la búsqueda de intereses personales frente al bien común" (Aparecida 445).

268. Moralmente, ¿las leyes justas y los mandatos, se deben cumplir?

Sí. Cuando la autoridad política establece leyes justas, órdenes y mandatos, estamos obligados por nuestra conciencia a obedecerlos. Si no lo hacemos, uno "se rebela contra un decreto de Dios" (Rom 13,2) y comete un pecado.

(CDSI 398)

269. ¿Por qué la autoridad política puede crear leyes que se deben cumplir? ¿De dónde proviene esta fuerza moral del poder legislativo?

Toda fuerza moral de la autoridad política deriva de ejercerla con buenos propósitos y con el uso de medios que no son sólo eficientes, sino también, moralmente aceptables. La autoridad política debe, "respetar el principio del «Estado de derecho». Según tal principio, la soberanía es prerrogativa de la ley, no de la voluntad arbitraria de los hombres. Las leyes injustas y las medidas contrarias al orden moral no obligan en conciencia" (CompCIglC 406). En estos casos, lo que se llama "ley" ya deja de ser ley y en cambio se transforma en violencia.

(CDSI 396-398; CompIglC 406)

270. ¿Cómo deben reaccionar los ciudadanos a leyes civiles inmorales?

"El ciudadano no está obligado en conciencia a seguir las prescripciones de las autoridades civiles si éstas son contrarias a las exigencias del orden moral, a los derechos fundamentales de las personas o a las enseñanzas del Evangelio"[32] (CDSI 399). Cuando las personas con buena moral están llamadas a cooperar con actos moralmente malos, deben negarse a hacerlo. Es un deber de conciencia muy serio no cooperar con prácticas que, aunque estén permitidas por la legislación civil, son contrarias a la ley de Dios.

(CDSI 399)

271. ¿Tienen los ciudadanos el derecho a resistir a la autoridad política?

"Es legítimo resistir a la autoridad en caso de que ésta viole grave y repetidamente los principios del derecho natural" (CDSI 400). Aunque la Iglesia recomienda la resistencia pasiva, la resistencia armada puede ser legítima cuando es en contra de una tiranía evidente que está provocando un grave daño a los derechos fundamentales de la persona y al bien común del país.

(CDSI 400-401)

272. ¿Cuál es el rol del poder judicial?

El rol del poder judicial, ejercido por los jueces independientes de las cortes, es administrar justicia a los ciudadanos de

---

[32] Aquí el Compendio hace referencia a CIglC 2242.

acuerdo a la ley. Los jueces deben buscar la verdad de manera imparcial y dar a cada parte lo que es debido de acuerdo a la ley. Los casos deben tratarse lo mas rápidamente posible. Las disputas legales entre partes opuestas son inevitables en una sociedad, pero cuando los jueces ejercen sus funciones correctamente llevan paz y armonía al pueblo.

(CDSI 402)

> "Cabe señalar, como un gran factor negativo en buena parte de la región, el recrudecimiento de la corrupción en la sociedad y en el Estado, que involucra a los poderes legislativos y ejecutivos en todos sus niveles, y alcanza también al sistema judicial que, a menudo, inclina su juicio a favor de los poderosos y genera impunidad, lo que pone en serio riesgo la credibilidad de las instituciones públicas y aumenta la desconfianza del pueblo, fenómeno que se une a un profundo desprecio de la legalidad. En amplios sectores de la población, y especialmente entre los jóvenes, crece el desencanto por la política y particularmente por la democracia, pues las promesas de una vida mejor y más justa no se cumplieron o se cumplieron sólo a medias" (Aparecida 77).

273. Los jueces, ¿también deben dar condena o castigo por los crímenes?

Sí. En las cortes penales, los jueces deben castigar, de acuerdo a la ley, a los criminales que han sido acusados en un proceso justo. El castigo sólo es justo, cuando está basado en leyes que han sido escritas y promulgadas antes del hecho cometido. Aún más, debe probarse razonablemente que la persona acusada es de hecho culpable del crimen.

274. ¿Cuál es el propósito de una pena criminal?

El castigo de los criminales tiene el propósito de restaurar la justicia, defendiendo el orden público y garantizando la seguridad de las personas. Es además un instrumento de corrección para el culpable. La manera en que se aplica el castigo debe llevar a la reinserción social del convicto.

(CDSI 403)

275. ¿Cómo se debe tratar a los acusados y a los prisioneros?

Los delincuentes acusados y los prisioneros deben ser tratados de acuerdo a su dignidad humana. No deben ser objeto de un trato denigrante. Ninguna persona puede ser encarcelada sin un juicio previo y este juicio no debe demorarse. "Los magistrados están obligados a la necesaria reserva en el desarrollo de sus investigaciones para no violar el derecho a la intimidad de los indagados y para no debilitar el principio de la presunción de inocencia" (CDSI 404).

(CDSI 404)

276. ¿Se puede usar la tortura en casos extremos?

No. La tortura nunca debe usarse. Ninguna circunstancia o motivo pueden justificar la tortura.

(CDSI 404)

277. ¿Es la pena de muerte un castigo criminal legítimo?

Hoy día la pena de muerte es inadmisible. La sociedad moderna tiene los medios para suprimir el crimen sin tener que recurrir a la pena de muerte: encarcelar a los criminales para incapacitarlos de sus actos delictivos, sin negarles la oportunidad de reformarse. "La Iglesia ve como un signo de esperanza «la aversión cada vez más difundida en la opinión pública a la pena de muerte, incluso como instrumento de «legítima defensa» social"[33] (CDSI 405).

(CDSI 405; EV 27; CIglC 2266-67; AM 83)

278. ¿Cuál es el propósito del poder ejecutivo, especialmente en la administración pública?

La administración pública, en todo nivel, está orientada hacia el servicio de los ciudadanos y guiada por la ley. El Estado debe actuar como el administrador del bien común.

(CDSI 412)

279. Los servidores públicos, ¿deben tener virtudes especiales?

Sí. Una autoridad responsable requiere de aquellas virtudes que hacen posible el ejercicio del poder para servir al pueblo (justicia, paciencia, modestia, moderación, caridad, entre otras). Dicha autoridad es "ejercida por personas capaces de asumir auténticamente, como finalidad de su actuación, el bien común y no el prestigio o el logro de ventajas personales" (CDSI 410).

(CDSI 410)

---

[33] Aquí el Compendio cita a Juan Pablo II, *Evangelium Vitae* (Ciudad del Vaticano: Libreria Editrice Vaticana, 1995), 27. En su carta del 1 de agosto de 2018, la CDF ha explicado la nueva version del n. 2267 CIglC, querida por el Papa Francisco para dejar más claro aún que la pena de muerte hoy día es inadmisible.

280. Los católicos, ¿deben involucrarse en la política?

Cada cristiano está llamado a atender a los asuntos temporales y a poner en práctica la justicia y caridad al servicio del bien común según lo requiera su vocación. Por ejemplo, la responsabilidad por el bien común, hace del derecho a votar, una obligación moral. Al mismo tiempo, "no todos están llamados a trabajar de manera directa en la política, pero en el seno de la sociedad germina una innumerable variedad de asociaciones que intervienen a favor del bien común preservando el ambiente natural y urbano" (LS 232).

(CIglC 1913-1915, 2240; LS 232)

> "Nuestra responsabilidad de cristianos es promover de todas maneras los medios no violentos para restablecer la justicia en las relaciones socio-políticas y económicas, según la enseñanza del Concilio, que vale tanto para la vida nacional como para la vida internacional" (Puebla 533).

281. ¿Puede ser una vocación el trabajo en la política?

Hombres y mujeres que poseen las cualidades personales para la vida política y se sienten inclinados a la actividad política, pueden tener la certeza de que han recibido un alto llamado de Dios. La política puede ser un camino de justicia y caridad.

(CV 7)

282. En la política, los católicos, ¿son libres de seguir su conciencia o están ligados a un "programa político" específico?

Los católicos son libres de seguir su conciencia en cuestiones políticas. El Magisterio de la Iglesia no impone ningún programa político; tampoco sus enseñanzas sociales constituyen un programa politico, porque la Iglesia no ofrece soluciones técnicas. Los católicos demuestran un pluralismo saludable cuando toman diferentes posiciones en distintos asuntos políticos. Sin embargo, ciertos valores basados en las leyes naturales, son comunes a todas las personas de buena voluntad, por lo tanto también para los católicos. Estos valores, que no son negociables, incluyen el derecho a la vida desde la concepción hasta la muerte natural, la naturaleza del matrimonio como una unión indisoluble entre un hombre y una mujer, el derecho de los padres a escoger una educación que consideren conveniente para sus hijos, la necesidad de promover la justicia social, el desarrollo de una economía al servicio del bien común y otras consideraciones similiares.

(CDF, *Nota Doctrinal sobre algunas cuestiones relativas al compromiso y la conducta de los católicos en la vida política,* 2002)

283. ¿Cómo se relaciona la Iglesia católica con el Estado?

La relación entre la Iglesia católica y el Estado se puede resumir diciendo que es simultáneamente independiente y cooperativa. Ambos, la Iglesia y la comunidad política se manifiestan como estructuras organizacionales visibles que persiguen diferentes fines: el Estado sirve al bien común temporal, la Iglesia al bien espiritual. Aunque las dos instituciones estén separadas, deben cooperar en el servicio a la persona humana, que tiene ambas dimensiones: temporal y espiritual. Además, la Iglesia también contribuye al logro del bien común temporal cuando lleva a cabo su misión salvífica.

(CDSI 424-425)

> "Sea un viejo laicismo exacerbado, sea un relativismo ético que se propone como fundamento de la democracia, animan a fuertes poderes que pretenden rechazar toda presencia y contribución de la Iglesia en la vida pública de las naciones, y la presionan para que se repliegue en los templos y sus servicios «religiosos». Consciente de la distinción entre comunidad política y comunidad religiosa, base de sana laicidad, la Iglesia no cejará de preocuparse por el bien común de los pueblos y, en especial, por la defensa de principios éticos no negociables porque están arraigados en la naturaleza humana" (Aparecida 504).

284. La Iglesia, ¿enseña la libertad religiosa?

Sí. La Iglesia católica promueve "el derecho de la persona y de las comunidades a la libertad social y civil en materia religiosa," como está indicado en el subtítulo de la Declaración *Dignitatis humanae* del Concilio Vaticano II. Dicho derecho debe ser reconocido y aprobado como un derecho civil que se ejercita dentro de los límites del orden público. "La sociedad y el Estado no deben constreñir a una persona a actuar contra su conciencia, ni impedirle actuar conforme a ella[34]. La libertad religiosa no

---

[34] Aquí el Compendio hace referencia al Concilio Vaticano II, declaración *Dignitatis Humanae* (Ciudad del Vaticano: Libreria Editrice Vaticana, 1965), 3.

supone una licencia moral para adherir al error, ni un implícito derecho al error"[35] (CDSI 421).

(CDSI 421-423)

285. ¿Cuáles son las amenzas mas grandes de hoy a la libertad religiosa?

Las principales amenazas a la libertad religiosa en estos tiempos, brotan del extremismo religioso, especialmente de los violentos fundamentalistas islámicos y de los sutiles, pero no menos violentos, intentos de excluir a la religión de la esfera pública en los países occidentales. Esto es igual a la imposición del ateísmo como una nueva forma de religión civil. (cf. Benedicto XVI, *Mensaje para la Jornada mundial de la paz,* 2011).

> "El diálogo interreligioso, además de su carácter teológico, tiene un especial significado en la construcción de la nueva humanidad: abre caminos inéditos de testimonio cristiano, promueve la libertad y dignidad de los pueblos, estimula la colaboración por el bien común, supera la violencia motivada por actitudes religiosas fundamentalistas, educa a la paz y a la convivencia ciudadana: es un campo de bienaventuranzas que son asumidas por la Doctrina Social de la Iglesia" (Aparecida 239).

[35] Aquí el Compendio hace referencia al CIglC 2108.

CAPÍTULO 9

La familia de las Naciones

Martin Schlag

> Las interdependencias humanas se intensifican. Se extienden poco a poco a toda la tierra. La unidad de la familia humana que agrupa a seres que poseen una misma dignidad natural, implica un *bien común universal.* Este requiere una organización de la comunidad de naciones capaz de "[proveer] a las diferentes necesidades de los hombres".
>
> Catecismo Iglesia Católica, 1911 citando GS 84 § 2

Vivimos en un mundo globalizado. Ninguna nación puede vivir aislada del resto. Las decisiones políticas que se toman en un país, muy a menudo afectan a los países vecinos. En esta familia de naciones, las leyes internacionales y la coordinación de las medidas a tomar, nos ayudan a progresar por el camino de la paz y el desarrollo.

286. Si todos vivimos en nuestros propios países con nuestras propias dificultades, ¿por qué debemos preocuparnos por otras naciones?

Debemos preocuparnos por otras naciones porque todos los hombres y mujeres de la tierra forman una familia, la familia de Dios, y como hermanos y hermanas compartimos un destino en común y somos responsables el uno del otro. Pertenecemos a diferentes razas y hablamos distintos idiomas, pero somos todos hijos de Dios. Por esta razón, todas las naciones juntas, forman la comunidad internacional.

> "En América Latina y El Caribe se aprecia una creciente voluntad de integración regional con acuerdos multilaterales, involucrando un número creciente de países que generan sus propias reglas en el campo del comercio, los servicios y las patentes" (Aparecida 82).

287. ¿Qué dice la Biblia sobre la familia de las naciones?

Lo que la Biblia nos dice sobre la creación, manifiesta la unidad de la familia humana y nos enseña que Dios es nuestro Padre amoroso y el Señor de la historia. También nos revela que el pecado es la causa de la división entre las personas. Aun más, es parte del plan de salvación y parte de la misión de la Iglesia, que esta realidad fragmentada y dispersada, sea reunificada otra vez por el Espíritu Santo. Para aquellos que viven una nueva vida en Cristo, las diferencias raciales y culturales ya no son causas de división.

(CDSI 429-431)

288. ¿Qué significado tiene el mensaje cristiano para la comunidad internacional?

La comunidad internacional debe esforzarse constantemente para lograr la unidad deseada por el Creador. Alcanzar esta comunión de naciones no puede ser el resultado de la violencia, sino más bien el resultado de un esfuerzo moral y cultural.

(CDSI 432)

289. ¿Cómo puede tener lugar esta unidad entre las naciones?

La unidad solo se puede alcanzar si la dignidad de cada persona, en todas sus dimensiones (material y espiritual, individual y comunal), se reconoce universalmente; si las relaciones humanas en y entre las muchas naciones, están basadas en los valores rectores de la libertad y la verdad, la justicia y la caridad, y si por un acuerdo general, la comunidad internacional busca la promoción del bien común. Todos compartimos el mismo planeta, su aire y sus climas, sus océanos y rutas de transportes. Estamos cada vez más conectados y, por lo tanto, solo podemos vivir juntos en paz, libertad y justicia si todos juntos hacemos un esfuerzo común para construir instituciones que protegen estos valores. Esto es lo que llamamos el bien común universal.

(CDSI 433)

290. ¿Qué significa "soberanía" nacional?

Soberanía nacional quiere decir que cada Estado es un sujeto independiente y libre ante la ley internacional. Las relaciones entre las naciones soberanas están caracterizadas por la igualdad, la confianza mutua, el apoyo y el respeto. La soberanía por lo tanto no es absoluta y no debe usarse para justificar los intentos de subordinar a otras naciones.

(CDSI 434-435)

291. ¿Cómo se regulan las relaciones entre naciones soberanas?

Las relaciones entre naciones libres y soberanas están reguladas por la ley de las naciones y por los principios de las leyes morales universales que están escritas en el corazón humano como una expresión viva de la conciencia en común de la humanidad.

(CDSI 436)

292. ¿Por qué es necesaria la ley de las naciones o la ley internacional?

Para resolver las tensiones que se levantan entre las diferentes comunidades políticas, las cuales pueden comprometer la estabilidad de las naciones y la seguridad internacional, es indispensable hacer uso de reglas en común, junto con un compromiso a la negociación y el rechazo definitivo a la idea de que las disputas internacionales se pueden resolver recurriendo a la guerra. La ley internacional es el resultado de la búsqueda de la paz y de la estabilidad entre las naciones.

(CDSI 438)

293. ¿Por qué la ley internacional no es suficiente en sí misma?

La ley internacional no es suficiente para asegurar una paz duradera, porque el principio de confianza mutua es de máxima importancia en la consolidación de la ley y la confianza está basada en los valores morales compartidos. "El respeto universal de los principios que inspiran una «ordenación jurídica del Estado, la cual responde a las normas de la moral»[36] es condición necesaria para la estabilidad de la vida internacional" (CDSI 437).

(CDSI 433, 437, 439)

294. ¿Qué dice la Iglesia sobre las organizaciones internacionales existentes?

En general, la Iglesia ve de manera positiva el rol de las organizaciones internacionales e intergubernamentales. "Una política internacional que tienda al objetivo de la paz y del desarrollo mediante la adopción de medidas coordinadas, es más que nunca necesaria a causa de la globalización de los problemas"[37] (CDSI 442). Esto no quiere decir que la Iglesia asuma políticas que abordan los problemas de una manera que es contraria al Evangelio y a la dignidad de la persona humana.

(CDSI 440-442)

---

[36] Aquí el Compendio hace referencia a PT 69-72.

[37] Aquí el Compendio hace referencia a PP, 51-55 y 77-79.

295. La Santa Sede ¿es también un miembro de la comunidad internacional?

Sí. La Santa Sede es un sujeto ante las leyes internacionales. Esto quiere decir que "goza de plena subjetividad internacional, en cuanto autoridad soberana que realiza actos jurídicamente propios. Ejerce una soberanía externa, reconocida en el marco de la Comunidad Internacional" (CDSI 444), para llevar a cabo su misión.

(CDSI 444)

296. ¿Se requiere de los países ricos que ayuden a las naciones pobres a desarrollarse?

Sí. "La doctrina social induce a formas de cooperación capaces de incentivar el acceso al mercado internacional de los países marcados por la pobreza y el subdesarrollo" (CDSI 447). "El espíritu de cooperación internacional requiere que, por encima de la estrecha lógica del mercado, se desarrolle la conciencia del deber de solidaridad, de justicia social y de caridad universal"[38] (CDSI 448).

(CDSI 446-448)

297. La Iglesia, ¿ofrece un modelo o un plan de acción concreto para el desarrollo internacional?

No, la Iglesia deja las soluciones técnicas y los planes de acción concretos a los hombres y mujeres de buena voluntad quienes, activamente, le dan forma a la vida pública. Sin em-

[38] Aquí el Compendio hace referencia a PP, 44.

bargo, la Iglesia levanta su voz profética para proclamar que "la necesidad de resolver las causas estructurales de la pobreza no puede esperar, no sólo por una exigencia pragmática de obtener resultados y de ordenar la sociedad, sino para sanarla de una enfermedad que la vuelve frágil e indigna y que sólo podrá llevarla a nuevas crisis. Los planes asistenciales, que atienden ciertas urgencias, sólo deberían pensarse como respuestas pasajeras" (EG 202)

(EG 202)

> "Es necesario educar y favorecer en nuestros pueblos todos los gestos, obras y caminos de reconciliación y amistad social, de cooperación e integración. La comunión alcanzada en la sangre reconciliadora de Cristo nos da la fuerza para ser constructores de puentes, anunciadores de verdad, bálsamo para las heridas. La reconciliación está en el corazón de la vida cristiana" (Aparecida 535).

Capítulo 10

Salvaguardar el medioambiente

Martin Schlag y Elizabeth Reichert

Señor Uno y Trino,
comunidad preciosa de amor infinito,
enséñanos a contemplarte
en la belleza del universo,
donde todo nos habla de ti.
Despierta nuestra alabanza y nuestra gratitud
por cada ser que has creado.
Danos la gracia de sentirnos íntimamente unidos
con todo lo que existe.

Papa Francisco, *Laudato Si'*, 246

"Todos somos responsables de la protección y el cuidado de la creación. Esta responsabilidad no tiene fronteras" (Benedicto XVI, *Mensaje para la celebración de la XLIII Jornada mundial de la paz* 2010, 11). Toda la creación es un don de Dios y cada creatura es una manifestación única de la gloria de Dios. Entonces, estamos llamados a enfocarnos en la creación con una actitud de gratitud y apreciación, evitando ambos extremos, el de la idolatría por la naturaleza y el de la idolatría por el poder humano. La Iglesia propone una "ecología integral", la cual valora y respeta sus dos elementos, el humano y el natural.

298. ¿Qué enseña la Biblia sobre la creación del mundo y el lugar del hombre en él?

La creación es un tema de continua alabanza en el Antiguo Testamento. El mundo no es un ambiente hostil, sino un don de Dios donde el mismo Dios está presente. El mundo, de hecho, revela el misterio de Dios quien lo creó y lo sostiene en armonía. "Dios ha escrito un libro precioso, «cuyas letras son la multitud de criaturas presentes en el universo»"[39] (LS 85) y comprenderemos este libro correctamente, sólo si conocemos a su autor. Como nos dice la historia de la creación, Dios creó todas las cosas y "vio Dios que todo esto era bueno" (Gn 1,25). En el culmen de su creación, Dios puso al hombre y a la mujer, las únicas creaturas hechas "a su imagen" (Gn 1,27), y Él les confió toda la creación a su responsabilidad.

(CDSI 451-452, 456; LS 65-92)

> "Con los pueblos originarios de América, alabamos al Señor que creó el universo como espacio para la vida y la convivencia de todos sus hijos e hijas y nos los dejó como signo de su bondad y de su belleza." (Aparecida 125)

---

[39] Aquí la encíclica cita a Juan Pablo II, *Audiencia General,* 30 de enero de 2002 (Ciudad del Vaticano: Libreria Editrice Vaticana, 2002), 6.

299. ¿Quiere decir ésto que el hombre puede usar la naturaleza como le plazca?

"La actitud que debe caracterizar al hombre ante la creación es esencialmente la de la gratitud.... Si se coloca entre paréntesis la relación con Dios, la naturaleza pierde su significado profundo, se la empobrece" (CDSI 487). El hombre no debe ponerse en el lugar de Dios y debe recordar que él es un "colaborador" con Dios en el trabajo de la creación, por lo tanto, solamente en diálogo con Dios, encontramos la verdad desde la cual podemos inspirarnos y obtener normas para promover el desarrollo de la creación como Dios lo desea.

(CDSI 452, 460, 487)

300. ¿Cuál era la relación de Jesús con la naturaleza?

Cristo, como la Palabra Divina de Dios, es el Creador de todas la cosas. En la plenitud de los tiempos, Él mismo se hizo hombre y con ojos humanos contempló la belleza de la creación. Él hizo uso de los elementos naturales, Él habló de la naturaleza con imágenes y parábolas, pero también la dominó (por ejemplo cuando calmó la tempestad, cf. Mt 14, 22-33). "El Señor pone la naturaleza al servicio de su designio redentor. A sus discípulos les pide mirar las cosas, las estaciones y los hombres con la confianza de los hijos que saben no serán abandonados por el Padre providente (cf. Lc 11,11-13)" (CDSI 453) y de manera especial en los sacramentos "la naturaleza es asumida por Dios y se convierte en mediación de la vida sobrenatural" (LS 235).

(CDSI 453; LS 96-100, 235)

301. La redención de Jesús, ¿también se extiende a la naturaleza?

El mundo fue herido por el pecado, pero Jesús inaugura un nuevo mundo y "restablece las relaciones de orden y armonía que el pecado había destruido" (CDSI 454). La creación entera es parte de esta renovación por medio de la muerte y resurrección del Señor, aunque aún no se ha manifestado completamente. Los hijos de Dios participan en la redención de la naturaleza con la santificación de sus trabajos. Después de Su resurrección, la mirada de Jesús está constantemente en la creación, y lo podemos contemplar a Él en el reflejo de Su belleza que se manifiesta en la naturaleza.

(CDSI 453-455; LS 99-100)

302. ¿Cómo explica la fe cristiana el abuso de la naturaleza por parte del hombre?

La Biblia nos muestra que la última causa de todo abuso de la naturaleza es el pecado. Como consecuencia del pecado, la naturaleza se vuelve en contra del hombre y el hombre en contra de la naturaleza. Muchos han llegado a considerar la naturaleza como un recurso que se puede conquistar y explotar como les plazca y sin consideraciones éticas, sin consideraciones por las futuras generaciones y sin respetarla como la casa de todos los humanos. A veces nos comportamos como si hubiera una ilimitada reserva de energía a nuestra disposición y no consideramos los efectos de la contaminación. Así la naturaleza parece un instrumento en las manos del hombre, un instrumento que se puede manipular, especialmente por medio de la tecnología. Esta es una concepción reduccionista del mundo natural que mira a la naturaleza en términos mecánicos y de consumo. Este es un "pecado ecológico" que llama a una "conversión ecológica."

(CDSI 453, 461-462; LS 8, 217)

> "América Latina es el Continente que posee una de las mayores biodiversidades del planeta y una rica socio diversidad, representada por sus pueblos y culturas. ... La naturaleza ha sido y continúa siendo agredida. La tierra fue depredada. Las aguas están siendo tratadas como si fueran una mercancía negociable" (Aparecida 83-84).

303. ¿Esto quiere decir que la Iglesia culpa a la ciencia y a la tecnología por el abuso de la naturaleza?

No, los resultados de la ciencia y la tecnología son, en sí mismos, positivos porque el hombre y la mujer han extendido su maestría sobre casi toda la naturaleza y lo continúan haciendo. Los cristianos están convencidos de que los triunfos de la raza humana son señales de la gracia de Dios. Siempre que los progresos científicos se usen para el verdadero bien de la humanidad, la Iglesia no se opone a dichos progresos; en cambio considera a la ciencia y a la tecnología como "un maravilloso producto de la creatividad humana donada por Dios, ellas nos han proporcionado estupendas posibilidades y nos hemos beneficiado de ellas agradecidamente"[40] (CDSI 457).

(CDSI 456-457; LS 102-103, 131)

---

[40] Aquí el Compendio hace referencia a Juan Pablo II, *Discurso a los representantes de la ciencia, de la cultura y de los altos estudios en la universidad de las Naciones Unidas,* Hiroshima, 25 de febrero de 1981 (Ciudad del Vaticano: Libreria Editrice Vaticana, 1981), 3.

304. ¿Bajo qué circunstancias el progreso se vuelve parte del verdadero bien de la humanidad?

No todo avance de poder humano sobre la naturaleza es progreso. No conocemos en detalle cuál es el plan de Dios para el futuro de la humanidad o hasta donde llegarán los progresos. Sin embargo, Dios nos ha dado leyes morales para guiar nuestras acciones, nuestras investigaciones y la tecnología que usamos para dominar a la naturaleza. Respetando estas leyes siempre iremos hacia el verdadero bien de la humanidad. Generalmente hablando, estas leyes consisten en el respeto por la dignidad humana y por toda la creación. El respeto por la dignidad humana implica que el ser humano nunca debe ser usado como un mero instrumento para alcanzar un fin. El respeto por la naturaleza incluye nuestra intervención para promover su desarrollo en conformidad con su propio modo de ser, como Dios la ha creado, sin destruirla.

(CDSI 458-460; LS 105)

305. ¿Cuáles son algunos de los problemas causados por el hombre sobre los que ha hablado la Iglesia?

La Iglesia está preocupada especialmente por la contaminación del aire, de la tierra y del agua y también por la cantidad de basura y por la cultura del descarte que predomina en muchas sociedades. La Iglesia se ha pronunciado sobre el cambio climático, el ciclo del carbono y la pérdida de la biodiversidad. Estos problemas en la naturaleza llevan al deterioro de la calidad de la vida humana y a la ruptura de la sociedad; estos problemas se hacen peores con la desigualdad global y por la, a veces, inefectiva respuesta de la comunidad internacional.

(LS 20-59)

306. ¿Por qué la Iglesia ve a la pérdida de la biodiversidad como un problema?

La extinción de las especies afecta a los ecosistemas que las rodean y significan la pérdida de fuentes importantes de alimentos, medicinas y otros elementos. "Pero no basta pensar en las distintas especies sólo como eventuales «recursos» explotables, olvidando que tienen un valor en sí mismas" (LS 33). Cada especie manifiesta la gloria de Dios de una manera única y no tenemos el derecho de erradicarla.

(LS 32-42, 84-87)

307. ¿Qué dice la Iglesia sobre el clima y sobre el cambio climático?

La Iglesia apela a los científicos, a los consumidores y a todos los involucrados en la actividad industrial, a desarrollar un mayor sentido de responsabilidad por los efectos que sus comportamientos tienen sobre el clima. "El clima es un bien común, de todos y para todos. A nivel global, es un sistema complejo relacionado con muchas condiciones esenciales para la vida humana. Hay un consenso científico muy consistente que indica que nos encontramos ante un preocupante calentamiento del sistema climático" (LS 23).

(CDSI 470; LS 23-26)

308. ¿Ofrece la Iglesia soluciones técnicas específicas para la crisis ambiental?

"Sobre muchas cuestiones concretas la Iglesia no tiene por qué proponer una palabra definitiva y entiende que debe escuchar y promover el debate honesto entre los científicos, respetando la diversidad de opiniones" (LS 61). Sin embargo, la Iglesia nos insta a estar en contra de las posiciones extremas de la idolatría del poder humano que niega cualquier necesidad de compromiso con el medio ambiente por un lado, y en el otro extremo, la idolatría de la naturaleza que propone que toda intervención humana es una amenaza.

(LS 60-61)

309. ¿Qué significa la idolatría del poder humano?

La idolatría del poder humano significa reducir de manera utilitaria a la naturaleza y considerarla un mero objeto que puede ser manipulado y explotado. Ésto no es el resultado de las investigaciones de la ciencia y la tecnología, sino de ideologías cientificistas y tecnócratas que no aceptan límites. No todo lo que se puede hacer a través de la tecnología se puede hacer éticamente. Existen límites y condiciones morales: las leyes de Dios y el respeto por la transcendente dimensión de la persona humana y de la creación deben guiar nuestras acciones.

(CDSI 462, LS 106-114)

310. ¿Qué significa la idolatría de la naturaleza?

Quiere decir ir tan lejos como llegar a divinizar a la naturaleza y a la tierra. Hace de la creación un ídolo y crea desequilibrios donde por ejemplo "se lleva adelante una lucha por otras especies que no desarrollamos para defender la igual dignidad entre los seres humanos" (LS 90). La Iglesia se opone al ecocentrismo y al biocentrismo porque cree en la dignidad superior del hombre sobre todos los otros seres vivientes y en su responsabilidad sobre ellos. A ésto se debe que la preocupación por la ecología debe estar siempre conectada con la preocupación por la "ecología humana," ésto es, con la protección de la vida humana y las familias.

(CDSI 463-464; LS 90-92)

> "La mejor forma de respetar la naturaleza es promover una ecología humana abierta a la trascendencia que respetando la persona y la familia, los ambientes y las ciudades, sigue la indicación paulina de recapitular todas las cosas en Cristo y de alabar con Él al Padre (cf. 1 Co 3,21-23)" (Aparecida 126).

311. ¿Existe un punto o camino medio?

Entre estos extremos, existen varios caminos posibles que deben ser dialogados para encontrar una solución. "Es preciso contar con espacios de discusión donde todos aquellos que de algún modo se pudieran ver directa o indirectamente afectados ... puedan exponer sus problemáticas o acceder a información amplia y fidedigna para tomar decisiones tendientes al bien común presente y futuro" (LS 135).

Debemos aprender a pensar no en dicotomías exclusivas, sino en buscar alternativas inclusivas. Muy frecuentemente la decisión no es "una o la otra" sino las dos y, a este respecto, la Iglesia propone la idea de una "ecología integral".

(LS 135)

312. ¿Qué es una ecología integral?

Una ecología integral reconoce que somos parte de la naturaleza y por lo tanto "el ambiente humano y el ambiente natural se degradan juntos" (LS 48). Nuestra actitud hacia el ser humano afecta nuestra actitud hacia la naturaleza y viceversa. Cuando estamos sordos para llorar por los pobres, es difícil escuchar el llanto de la naturaleza. "No habrá una nueva relación con la naturaleza sin un nuevo ser humano" (LS 118). Una ecología integral respeta a los dos: al humano y a las dimensiones sociales, reconoce que todo está conectado. Consiste en una visión más amplia que considera a los factores ecológicos, sociales y económicos al momento de tomar decisiones.

(LS 48-49; 117-121, 138-142)

313. ¿Cómo encaja la preocupación por el medio ambiente en las operaciones de las instituciones económicas?

Como parte de la ecología integral, el papa Francisco ha llamado a una "economía ecológica" que considere en sus decisiones todos los costos asociados con ellas, incluyendo los "costes económicos y sociales que se derivan del uso de los recursos ambientales comunes" (CV 50). A largo plazo, la protección ambiental también ofrece ventajas económicas ya que una economía que destruye el ambiente en el que existe, afecta negativamente a la producción de riquezas. A corto y mediano plazo, puede parecer que dé más beneficio generar ganancias a costas del medioambiente (por ejemplo: generando contaminación, disminuyendo los recursos naturales, destruyendo la biodiversidad). Las consecuencias de estas llamadas "externalidades negativas" deben reducirse y se deben buscar maneras innovadoras para reducir el impacto de la producción sobre el medioambiente y promover el consumo responsable de los bienes.

(CDSI 470; CV 50; LS 138-142, 183-196)

314. ¿Existe alguna conexión entre la pobreza y el daño ecológico?

Sí. La crisis ambiental afecta intensamente y de manera dramática a los más pobres. La erosión y la desertificación, la elevación de los niveles de los océanos, los conflictos armados y la emigración forzada y la falta de medios económicos y tecnológicos para enfrentar las epidemias, la contaminación y otras calamidades, tienen un mayor efecto en los pobres. Muchas personas viven en los suburbios contaminados de las grandes ciudades, en viviendas improvisadas o en complejos enormes que son inseguros y en riesgo de derrumbe. Todos estos factores crean una necesidad urgente de trabajar en el desarrollo económico y ecológico.

(CDSI 482; LS 150-153)

315. Teniendo en cuenta la superpoblación en muchas de estas áreas urbanas, ¿no sería una solución reducir el número de nacimientos?

No, el crecimiento demográfico es completamente compatible con el desarrollo económico integral. La preocupación ambiental no debe volverse un pretexto para las decisiones políticas o económicas que estarían en contra de la dignidad de la persona humana. "No parece factible un camino educativo para acoger a los seres débiles que nos rodean, que a veces son molestos o inoportunos, si no se protege a un embrión humano aunque su llegada sea causa de molestias y dificultades" (LS 120). La ayuda para el desarrollo que proveen los organismos internacionales o el Estado, no debe estar condicionada por la introducción de programas de esterilización, aborto u otras medidas inmorales.

(CDSI 483; LS 50, 90, 120)

316. El daño ecológico a menudo afecta a la población indígena, ¿tienen ellos un derecho de protección especial o deben simplemente aceptar el progreso?

La población indígena tiene una relación especial con su tierra por el mismo significado que ella tiene en sus propias existencias. Por lo tanto, esta relación merece una atención especial y debe ser protegida de manera apropiada.

(CDSI 471; LS 146)

> "Se suele acudir a recursos alejados de toda ética, como penalizar las protestas e incluso quitar la vida a los indígenas que se oponen a los proyectos, provocar intencionalmente incendios forestales, o sobornar a políticos y a los mismos indígenas. Esto viene acompañado de graves violaciones de los derechos humanos y de nuevas esclavitudes que afectan especialmente a las mujeres, de la peste del narcotráfico que pretende someter a los indígenas, o de la trata de personas que se aprovecha de quienes fueron expulsados de su contexto cultural. No podemos permitir que la globalización se convierta en «un nuevo tipo de colonialismo»" (QuerA 14)[41].

---

[41] Aquí Francisco cita a Juan Pablo II, *Discurso a la Pontificia Academia de las Ciencias Sociales* (27 abril 2001), 4: AAS 93 (2001), 600.

317. ¿Qué es el medio ambiente sostenible?

El medio ambiente sostenible quiere decir: usar los recursos de manera que las necesidades de hoy se puedan satisfacer sin agotar los recursos, de modo que las generaciones futuras puedan satisfacer sus necesidades también. Existe un buen número de disciplinas científicas que estudian los diferentes aspectos de la ecología y el desarrollo sostenible. La Iglesia apoya estos estudios porque la responsabilidad por el medio ambiente, el cual es la herencia común de la humanidad, se extiende no solamente a las necesidades del presente, sino que también a aquellas del futuro.

(CDSI 467; LS 159-161)

318. ¿Qué dice la Iglesia sobre la biotecnología, especialmente sobre la modificación genética de los organismos?

"Es difícil emitir un juicio general sobre el desarrollo de organismos genéticamente modificados (OMG), vegetales o animales, médicos o agropecuarios, ya que pueden ser muy diversos entre sí y requerir distintas consideraciones" (LS 133). La fe cristiana nos dice que el hombre puede intervenir en la creación, incluyendo en el código genético de los seres vivos. Al mismo tiempo, la Iglesia intensamente nos urge a ser responsables porque la naturaleza es un don que el Creador ha confiado a la inteligencia y a la responsabilidad moral del hombre y de la mujer. Se puede mejorar al ser viviente o al ambiente natural en el que vive, pero nunca dañarlos. Es necesario evaluar con precisión los beneficios reales como también los posibles riesgos para los mismos organismos. Además, hay que tener en cuenta las consecuencias sociales, económicas y los efectos a largo plazo sobre los seres humanos y los ecosistemas. Actuar de manera irresponsable o descuidada en estos temas es inaceptable.

(CDSI 458-460, 472-480; LS 132-136)

319. Los principios de solidaridad y subsidiaridad, ¿tienen algo que ver con el uso de la biotecnología en los países en vías de desarrollo?

El espíritu de solidaridad internacional promueve el intercambio de conocimientos científicos y tecnológicos y la transferencia de tecnología hacia los países en vías de desarrollo para ayudarlos a crear sus propias instituciones científicas y tecnológicas. Al mismo tiempo, el principio de subsidiaridad apela a los líderes políticos de los países en desarrollo a hacer todo lo que esté en su poder para desarrollar tecnologías por sí mismos usando sus propios medios y fortalezas. Un esfuerzo importante en este proceso de desarrollo es combatir la corrupción y promover políticas de intercambio que son favorables para la población, prestando especial atención a las características y necesidades especiales de sus países.

(CDSI 474-476)

320. El Estado, ¿tiene la responsabilidad de intervenir en la protección del medio ambiente?

Sí. El Estado debe promulgar reglas legales para proteger el medio ambiente. La población de la tierra posee el derecho a un medio ambiente saludable y seguro. Esto implica la obligación legal de las autoridades nacionales e internacionales de proteger al medio ambiente a nivel jurídico.

(CDSI 468-469)

321. ¿Es necesaria la intervención estatal a nivel internacional?

Sí. La Iglesia tiene la esperanza de un "cambio de dirección" y llama a la comunidad internacional a entrar en un diálogo efectivo sobre el medio ambiente porque "la interdependencia nos obliga a pensar en *un solo mundo, en un proyecto común*" (LS 164).

(LS 163-164)

322. ¿Y en las políticas domésticas?

Los políticos no deben pensar sólo en el corto plazo para ganar las elecciones: "la grandeza política se muestra cuando, en momentos difíciles, se obra por grandes principios y pensando en el bien común a largo plazo" (LS 178). Necesitamos una política sana, "capaz de reformar las instituciones, coordinarlas y dotarlas de mejores prácticas, que permitan superar presiones e inercias viciosas. Sin embargo, hay que agregar que los mejores mecanismos terminan sucumbiendo cuando faltan los grandes fines, los valores, una comprensión humanista y rica de sentido que otorguen a cada sociedad una orientación noble y generosa" (LS 181). Cuando existen proyectos que requieren licencias del gobierno, "un estudio del impacto ambiental … tiene que insertarse desde el principio y elaborarse de modo interdisciplinario, transparente e independiente de toda presión económica o política" (LS 183).

(LS 78-183)

323. ¿Cuál es la reacción apropiada de un cristiano frente a las tremendas posibilidades de destrucción del medio ambiente?

Los serios problemas ecológicos que estamos enfrentando son "un llamado a una profunda conversión interior" (LS 217). Estos problemas nos llaman a un nuevo estilo de vida inspirado en la sobriedad, la templanza, la humildad y el auto control a nivel individual y social. Estas virtudes nos liberan y nos ofrecen esperanza y regocijo. Por lo tanto debemos romper la lógica del mero consumismo y promover formas de producción industrial y agrícola que respetan el orden de la creación y que satisfacen las necesidades básicas de todos. También debemos crear conciencia ayudando a los consumidores a entender su responsabilidad social y desarrollar una educación en "ciudadanía ecológica".

(CDSI 486; LS 206-211, 216-224)

> "Las propuestas de desarrollo tienen que estar subordinadas a criterios éticos. Una ética ecológica implica el abandono de una moral utilitarista e individualista. Postula la aceptación del principio del destino universal de los bienes de la creación y promoción de la justicia y solidaridad como valores indispensables" (Santo Domingo, Conclusiones 169).

TEMA ESPECIAL

El hambre

Tebaldo Vinciguerra

324. ¿Es el hambre todavía un problema?

El hambre es un problema grave. De acuerdo a la Organización Para la Alimentación y Agricultura, unas 821 millones de personas en el mundo estuvieron desnutridas en el 2018. La mayoría de estas personas viven en países en vías de desarrollo, primariamente en Asia y en África. En estos países la población que más se ve afectada por el hambre, es la que vive en áreas rurales.

(L&F 6-9)

> "Millones de personas y familias viven en la miseria e incluso pasan hambre" (Aparecida 65).

325. ¿Cuál es la diferencia entre hambre y malnutrición?

Hambre significa una insuficiente ingesta de calorías. La malnutrición se refiere a una dieta desequilibrada, por ejemplo, falta de vitaminas y minerales (con una seria repercusión en la salud y en el desarrollo intelectual) o un excesivo consumo de carbohidratos (lo que es un factor determinante en la diabetes y la obesidad). La malnutrición afecta a más de dos mil millones de personas en el mundo. La mayoría de estas personas, debido a la pobreza en la que viven, no tienen acceso a una dieta variada y balanceada, mientras que otros (aunque no son pobres) no están educados en estos temas. Es crucial proteger contra la malnutrición desde la temprana edad ya que sus efectos negativos son para toda la vida.

(L&F 7-8)

326. ¿Cómo se desperdician los alimentos?

Una considerable cantidad de alimentos que se producen se echan a perder al poco tiempo de haber sido cosechados porque en muchas áreas rurales no pueden preservarlos o transportarlos a los mercados. En estos casos hablamos de "pérdidas post-cosecha" en lugar de desperdicios. Algunos ejemplos de desperdicio de alimentos incluyen: las grandes cantidades de pescados que los barcos pesqueros desperdician (porque sólo algunas partes del pez se usan), todos los desperdicios durante las diferentes etapas del procesamiento y distribución de los alimentos y la comida que los consumidores o los supermercados echan a la basura. A menudo, existe una considerable diferencia en el desperdicio de alimentos entre los países pobres y ricos (donde con frecuencia, cada año, la población desperdicia alimentos en una cantidad equivalente al peso de sus cuerpos).

(L&F 56)

327. ¿Cuáles son algunos de los problemas actuales en la producción de los alimentos?

Sabemos cada vez más "qué" hacer: hemos desarrollado sistemas de irrigación y técnicas para preservar los alimentos y comprendemos los pasos necesarios para desarrollar pequeñas empresas de agricultura; también sabemos sobre ciertos riesgos de la agricultura. Aun así, la situación continúa siendo problemática si la miramos desde el número de personas a las que les falta el alimento, el número de comunidades que anteriormente sufrían de hambre y que ahora sufren de malnutrición debido a la propagación de malos hábitos alimentarios, la pobreza en las áreas donde se producen los alimentos, la concentración generalizada y especializada de alimentos a nivel global y el lento proceso para adquirir títulos de propiedad de la tierra en áreas rurales e indígenas. Estos problemas no son nuevos y dan la impresión de que continúan existiendo por una falta de "voluntad" para resolverlos. La situación ha empeorado con el COVID.

(L&F 13-14, 16-25)

328. ¿Cuáles son los principales enfoques en la producción de los alimentos?

De manera simple, se puede decir que hay dos enfoques que se contrastan: uno apuesta a una producción intensiva y extensiva, altamente mecanizada y basada en investigaciones sofisticadas (química, genética, biotecnológica, etc.). El otro enfoque favorece una producción a nivel local o familiar que da valor a la biodiversidad y a las especies naturales locales ("agroecología" y "agricultura familiar" son términos emblemáticos de este enfoque). Es necesario continuar avanzando sin una mentalidad cerrada e ideológica, evaluar continuamente diferentes iniciativas y promover aquellas iniciativas que ofrecen una mejor contribución al desarrollo humano, al medio ambiente, a la calidad de los alimentos, a una economía inclusiva y a una justa distribución de las ganancias.

329. ¿Qué pueden hacer las naciones con respecto al hambre y a los alimentos en general?

A nivel nacional, cada país debe adoptar políticas que ordenan la economía de manera que cada persona tenga la oportunidad de trabajar y en consecuencia, obtener alimentos y deben usar sus propios recursos naturales de manera sostenible. También se necesitan políticas que apoyen a los productores de alimentos, como por ejemplo buenos entrenamientos y accesos a los mercados, posibilidad de créditos y acceso a la tecnología.

La preocupación por los alimentos y la nutrición son también funciones del gobierno. Esto incluye educar a aquellos que deciden trabajar en la preparación de alimentos como así también hacer responsables a los productores de alimentos (para que mantengan una alta calidad en los alimentos y que provean condiciones de trabajo decente en todos los niveles de la cadena de producción) y a los que trabajan en publicidad y anuncios (para que no promuevan alimentos o hábitos alimentarios que pueden ser malos para la salud). Estas políticas variarán de país en país dependiendo del nivel de desarrollo local y del contexto agricultural, político, climático y cultural de cada región.

(L&F 14, 116-118, 121-122, 129-140)

330. ¿Y a nivel internacional?

Las acciones a nivel internacional son esenciales para lograr la coordinación. El Papa Francisco escribió: "El problema es que no disponemos todavía de la cultura necesaria para enfrentar esta crisis y hace falta construir liderazgos que marquen caminos, buscando atender las necesidades de las generaciones actuales incluyendo a todos, sin perjudicar a las generaciones futuras...Llama la atención la debilidad de la reacción política internacional" (LS 53-54). Una acción internacional es más que nunca necesaria para ordenar las políticas de intercambio, en particular para permitir que los países menos desarrollados fortalezcan el sector agrícola y para regular la pezca en alta mar, de modo que todos puedan beneficiarse de igual manera y no que solo los estados con mejores flotas pesqueras salgan beneficiados. Es importante recordar que las acciones a nivel internacional deben estar guiadas por el principio de subsidiaridad, proveyendo ayuda individual a los países de acuerdo a sus necesidades y sin sustituir innecesariamente sus propias iniciativas.

(LS 53-59; L&F 41, 75, 128)

331. ¿Cuál es la mejor estrategia a largo plazo para tratar el hambre?

Debemos permanecer vigilantes frente al problema del hambre consultando varios indicadores como por ejemplo: la disponibilidad local de alimentos, los precios locales y globales, enfermedades y desastres naturales que pueden afectar la producción de una región o cultivo, cambios en los gustos y necesidades de los consumidores y malas conductas de parte de algunos participantes en el mercado, especialmente con respecto a la especulación. También debemos anticipar y reaccionar frente a cualquier disminución preocupante de los factores ambientales que afectan a la producción de alimentos, como la biodiversidad, la fertilidad del suelo, la reserva de agua, las condiciones climáticas y la reserva de peces en el océano. Al mismo tiempo, la vigilancia de estos indicadores solo dará frutos si también atendemos al "gran desafío cultural, espiritual y educativo que supondrá largos procesos de regeneración" (LS 202). Esta es la mejor estrategia a largo plazo.

(LS 202-221; L&F 121, 124-127;
AFV 57, 66, 71-73, 87, 90)

332. ¿Qué puede hacer un cristiano para combatir el hambre?

A nivel personal, cada uno debe tener cuidado de no desperdiciar la comida y siempre que sea posible, comprar alimentos que se producen respetando al medio ambiente y permitiendo que los trabajadores ganen un salario justo al tiempo que se les trata con el debido respeto. El reconocer que los alimentos no son solamente el fruto del trabajo humano, sino que también un regalo de la providencia divina, nos ayudará a ser mas cuidadosos y a evitar los desperdicios. De manera mas general, los cristianos pueden encontrar en su fe y en su espiritualidad "grandes motivaciones para el cuidado de la naturaleza y de los hermanos y hermanas más frágiles" (LS 64).

A nivel social, las organizaciones civiles y los individuos, deben monitorear las acciones de sus autoridades gubernamentales para que las leyes y las políticas verdaderamente estén al servicio del bien común. Por ejemplo, las autoridades deben evitar los acuerdos de intercambios que empeoran la situación de los países agricultores pobres y no deben promover a los alimentos como biocombustibles, si ésto afecta a la seguridad alimentaria.

(LS 63-64; L&F 66-68, 85-91)

333. ¿Qué hace la Iglesia sobre el hambre?

La Iglesia siempre ha manifestado una preocupación particular por los pobres, los hambrientos y los productores de alimentos. Las diócesis, las órdenes religiosas y las asociaciones como Cáritas están al frente de la lucha contra el hambre (incluso con donaciones de alimentos en tiempo de pandemia y de grandes migraciones) y por el desarrollo de comunidades rurales a través de capacitaciones, asistencia legal y la provisión de materiales y créditos. A nivel internacional, la Santa Sede y los papas han urgido repetidamente y continúan pidiendo a los Estados miembros de las Organizaciones Internacionales, a realizar esfuerzos para resolver de manera responsable el flagelo del hambre. Ellos también han denunciado con insistencia la "paradoja de la abundancia," refiriéndose a aquellos países con abundantes recursos naturales y que sufren de una pobreza increíble. También han condenado el desperdicio de los alimentos y el uso de los alimentos como un arma en contra de personas inocentes. Aun más, varias asociaciones católicas dialogan con el sector privado animándolo a mejorar continuamente su desempeño en términos ecológicos, fiscales y sociales.

(L&F 146-150)

Capítulo 11

La promoción de la paz

Martin Schlag

> Nada se pierde con la paz. Todo puede perderse con la guerra.
>
> Papa Pio XII, *Decennium Dum Expletur*

La paz va mucho más allá de la ausencia de guerra; es la plenitud de la vida. Es el objetivo de cada sociedad y es esencial para su funcionamiento y progreso. La paz está constantemente amenazada por las tensiones políticas, la guerra y el terrorismo. La Iglesia nos llama al perdón y nos mueve a trabajar por la paz a nivel individual, social e internacional.

334. ¿Qué es la paz?

La paz es el fruto de la justicia y el amor. La paz es un bien grande y un deber universal, fundada en un orden social que tiene sus raíces en el mismo Dios y que está basado en la justicia y la caridad. La paz no es simplemente la ausencia de guerra, ni tampoco se la puede reducir solamente a mantener un balance de poder entre enemigos. La violencia, que es una fuerza injusta, nunca puede ser un medio para alcanzar la paz.

(CDSI 494-496)

> [A esto se suman] "angustias por la violencia de la guerrilla, del terrorismo y de los secuestros realizados por extremismos de distintos signos que igualmente comprometen la convivencia social" (Puebla 43).

335. ¿Qué enseña la Biblia sobre la paz?

La Biblia nos enseña que donde hay violencia, Dios no puede estar presente (cf. 1 Cro 22, 8-9). La paz es primero y ante todo un regalo de Dios, uno de los mayores regalos que Dios ofrece a la humanidad e involucra la obediencia al plan divino. Dios ha establecido la paz como el objetivo de la vida en sociedad.

(CDSI 488-490)

336. La paz, ¿es parte de las enseñanzas cristianas?

La promesa de paz a lo largo de todo el Antiguo Testamento encuentra su realización en la persona de Jesús. Jesús "es nuestra paz" (Ef 2,14). El derribó los muros de división y de hostilidad entre las personas, reconciliándolos con Dios (cf. Ef 2,14-16). Jesús nos da una paz que el mundo no nos puede dar (cf. Jn 14,27).

(CDSI 491-493)

"La fidelidad a Jesús nos exige combatir los males que dañan o destruyen la vida, como el aborto, las guerras, el secuestro, la violencia armada, el terrorismo, la explotación sexual y el narcotráfico" (Aparecida 4).

337. ¿Qué enseña la Iglesia sobre la guerra? ¿Puede la guerra algunas veces ser justa?

Una guerra agresiva es intrínsicamente inmoral. En un caso trágico en el que este tipo de guerra se desata, los líderes del Estado que está siendo atacado, tienen el derecho y la obligación de organizar su defensa usando a las fuerzas armadas. Aún en el caso de una defensa justa, la guerra es "el fracaso de todo auténtico humanismo"[42], "siempre es una derrota de la humanidad"[43] (CDSI 497). Por lo tanto, es mejor no hablar de una "guerra justa" sino de una defensa justa de la paz.

(CDSI 497-500)

338. ¿Bajo que condiciones la defensa de la paz con el uso de armas puede ser justa?

"Para que sea lícito el uso de la fuerza, se deben cumplir simultáneamente unas condiciones rigurosas: « —que el daño

---

[42] Aquí el Compendio cita a Juan Pablo II, *Mensaje para la jornada mundial de la paz,* 1 de enero de 1999, (Ciudad del Vaticano: Libreria Editrice Vaticana, 1999), 11.

[43] Aquí el Compendio cita a Juan Pablo II, *Discurso al Cuerpo Diplomático,* 13 de enero de 2003 (Ciudad del Vaticano: Libreria Editrice Vaticana, 2003), 4. Reproducido por *L'Osservatore Romano,* edición en inglés, 15 de enero de 2003, pag. 3.

causado por el agresor a la Nación o a la comunidad de las naciones sea duradero, grave y cierto; —que todos los demás medios para poner fin a la agresión hayan resultado impracticables o ineficaces; —que se reúnan las condiciones serias de éxito; —que el empleo de las armas no entrañe males y desórdenes más graves que el mal que se pretende eliminar. El poder de los medios modernos de destrucción obliga a una prudencia extrema en la apreciación de esta condición"[44] (CDSI 500).

(CDSI 500-501; CIglC 2309)

339. ¿Es lícito que las naciones tengan fuerzas armadas?

"Las exigencias de la legítima defensa justifican la existencia de las fuerzas armadas en los Estados, cuya acción debe estar al servicio de la paz: quienes custodian con ese espíritu la seguridad y la libertad de un país, dan una auténtica contribución a la paz."[45] (CDSI 502).

(CDSI 502)

340. ¿Cómo deben tratar las fuerzas armadas a las personas inocentes?

La razón para la que existen las fuerzas armadas, es para la legítima defensa de los seres humanos inocentes. Por lo tanto, se debe proteger y ayudar a las víctimas inocentes que no son capaces de defenderse a sí mismas durante los actos de agresión. Este principio también implica la obligación de separar a la po-

---

[44] Aquí el Compendio hace referencia a CIglC 2309.

[45] Aquí el Compendio hace referencia a GS 79; CIglC 2310.

blación civil de los efectos de la guerra. Las reglas internacionales de las leyes humanitarias establecen las conductas aceptables durante una guerra.

(CDSI 502-505)

341. Durante un ataque, ¿tienen las naciones algún deber hacia las personas de otras naciones?

"La Comunidad Internacional en su conjunto tiene la obligación moral de intervenir a favor de aquellos grupos cuya misma supervivencia está amenazada o cuyos derechos humanos fundamentales son gravemente violados" (CDSI 506). Como miembros de la familia humana de las naciones, los Estados no pueden permanecer indiferentes ante la violación masiva de los derechos humanos en otros países, por el contrario, tienen el deber de proteger: cuando todos los otros medios disponibles resultan infectivos, "es legítimo, e incluso obligado, emprender iniciativas concretas para desarmar al agresor"[46] (CDSI 506). Obviamente, las medidas adoptadas se deben llevar a cabo respetando totalmente alas leyes internacionales y los principios fundamentales de igualdad entre los Estados.

(CDSI 506)

---

[46] Aquí el Compendio hace referencia a Juan Pablo II, *Mensaje para la Jornada mundial de la paz,* 1 de enero de 2000 (Ciudad del Vaticano: Libreria Editrice Vaticana, 2000), 11.

342. ¿Qué dice la Iglesia sobre las armas de destrucción masiva?

Las armas de destrucción masiva, ya sean biológicas, químicas o nucleares, han sido explícitamente condenadas por el Magisterio de la Iglesia: "toda acción bélica que tiende indiscriminadamente a la destrucción de ciudades enteras o de extensas regiones junto con sus habitantes, es un crimen contra Dios y la humanidad que hay que condenar con firmeza y sin vacilaciones" (CDSI 509 citando GS 80). Aun más, "en nuestra época, que se jacta de poseer la energía atómica, resulta un absurdo sostener que la guerra es un medio apto para resarcir el derecho violado" (CDSI 497 citando PT 127).

(CDSI 497, 509; GS 80).

343. ¿Existen otras prácticas de guerra, además de las armas de destrucción masiva, que el Magisterio de la Iglesia ha señalado como malas?

La Iglesia demanda la eliminación total de las minas antipersonas y de toda otra arma que inflige una injuria traumática excesiva o que ataca indiscriminadamente. También demanda que se termine con el uso de niños y adolescentes en los conflictos armados.

(CDSI 510-512)

"Si bien en algunos países se han logrado acuerdos de paz, superando así conflictos de vieja data, en otros continúa la lucha armada con todas sus secuelas (muertes violentas, violaciones a los Derechos Humanos, amenazas, niños en la guerra, secuestros etc.), sin avizorar soluciones a corto plazo. La influencia del narconegocio en estos grupos dificulta aún más las posibles soluciones" (Aparecida 81).

344. ¿Qué debe hacer un miembro de las fuerzas armadas cuando recibe una orden injusta?

El personal militar debe obedecer las órdenes justas. Sin embargo, "los miembros de las fuerzas armadas están moralmente obligados a oponerse a las órdenes que prescriben cumplir crímenes contra el derecho de gentes y sus principios universales[47]... Estos actos no se pueden justificar con el motivo de la obediencia a órdenes superiores" (CDSI 503).

(CDSI 503)

345. ¿Qué deben hacer las naciones para evitar la tragedia de la guerra?

La búsqueda de soluciones alternativas a la guerra es un asunto de tremenda urgencia. Casi todos los conflictos de intereses pueden llegar a resolverse por medio de otras opciones que no sea la guerra, por ejemplo, la negociación. Sin embargo, es esencial buscar las causas que están por debajo del conflicto, especialmente aquellas conectadas con situaciones estructurales de injusticia, pobreza y explotación. Por lo tanto, se puede decir que "el otro nombre de la paz es el desarrollo" (CDSI 498 citando CA 52).

(CDSI 498-499)

---

[47] Aquí el Compendio hace referencia a CIglC 2313.

346. ¿Qué otras maneras, además de la negociación y un plan a largo plazo para el desarrollo, existen para evitar la guerra?

La guerra es siempre el último recurso a usar cuando todos los otros intentos han fallado. Antes de iniciar una guerra, la comunidad internacional debe imponer sanciones con el objetivo de corregir las conductas del gobierno del país que está violando las reglas de coexistencia internacional pacífica y ordenada, o que está ejerciendo una seria opresión a su población.

(CDSI 507)

347. La Iglesia, ¿aboga por el desarme?

Sí. La Iglesia propone el objetivo de un "desarme general, equilibrado y controlado"[48] (CDSI 508). Cada Estado puede poseer los medios necesarios para su legítima defensa, sin embargo, la acumulación o el indiscriminado intercambio de armas más allá de este fin, no se puede justificar moralmente.

(CDSI 508-511)

348. ¿Qué es el terrorismo?

El terrorismo es una de las formas mas brutales de violencia. Pretende intimidar y desestabilizar a la autoridad pública o

---

[48] Aquí el Compendio hace referencia Juan Pablo II, *Mensaje a la Asamblea General de las Naciones Unidas en su 40 aniversario,* 14 de octubre de 1985 (Ciudad del Vaticano: Libreria Editrice Vaticana, 1985), 6. Reproducido por *L'Osservatore Romano,* edición en inglés, 14 de noviembre de 1985, pag. 4.

a la población sembrando miedo y terror entre la gente y lo hace destruyendo la vida y la propiedad. A menudo, apunta a las personas inocentes en sus lugares de vida cotidiana y haciéndolos víctimas de su violencia.

(CDSI 513)

> "No olvidamos tampoco a los secuestrados y a los que son víctimas de la violencia, del terrorismo, de conflictos armados y de la inseguridad ciudadana" (Aparecida 65).

349. ¿Puede estar justificado el terrorismo en algunas situaciones? ¿Qué pasa con los que matan en el nombre de Dios?

El terrorismo por ninguna razón puede estar justificado; en particular no puede ser justificado por razones religiosas. "Es una profanación y una blasfemia proclamarse terroristas en nombre de Dios"[49] (CDSI 515). El terrorismo debe ser condenado de manera absoluta. El Estado tiene el derecho y el deber de defender a los inocentes del terrorismo. Esta defensa, sin embargo, no justifica el uso de medios que van en contra de las leyes internacionales y de los derechos humanos.

(CDSI 514-515)

---

[49] Aquí el Compendio hace referencia a Juan Pablo II, *Encuentro con el mundo de la cultura, Astana, Kazakhstan,* 24 de septiembre de 2001 (Ciudad del Vaticano: Librería Editrice Vaticana, 2001), 5. Reproducido del *L'Osservatore Romano,* edición en inglés, 26 de septiembre de 2001, pag. 7.

350. ¿Cómo se puede efectivamente evitar el terrorismo?

Es importante descubrir las causas que pueden llevar al terrorismo. "La lucha contra el terrorismo presupone el deber moral de contribuir a crear las condiciones para que no nazca ni se desarrolle" (CDSI 513). En este contexto, son urgentes el compromiso a nivel político y educacional ya que el reclutamiento de terroristas es más fácil en lugares donde hay injusticias y donde se violan los derechos humanos.

(CDSI 513-514)

351. La Iglesia, ¿contribuye a la paz mundial?

"La promoción de la paz en el mundo es parte integrante de la misión con la que la Iglesia prosigue la obra redentora de Cristo sobre la tierra. La Iglesia, en efecto, es, en Cristo «sacramento», es decir signo e instrumento de paz en el mundo y para el mundo"[50] (CDSI 516). Esto quiere decir que la Iglesia ofrece al mundo una comunidad de perdón y reconciliación, sin la cual la paz es imposible.

(CDSI 516)

352. ¿Puede haber paz sin perdón?

No puede haber paz sin justicia y no hay justicia sin perdón. Ciertamente, "el perdón recíproco no debe anular las exigencias de la justicia, ni mucho menos impedir el camino que conduce a la verdad" (CDSI 518). Sin embargo, cada acto de violencia aca-

---

[50] Aquí el Compendio cita a Juan Pablo II, Mensaje para la Jornada mundial de la paz, 1 de enero de 2000, 20.

rrea una pesada carga de dolor que no se puede poner a un lado fácilmente y que solo se puede aceptar con el perdón recíproco que es ofrecido y recibido. Este es un proceso largo y difícil, pero uno que es posible.

(CDSI 517-518)

353. ¿Cuál es la contribución mas importante de la Iglesia por la paz?

La contribución mas importante de la Iglesia por la paz es la celebración de la Eucaristía, la cual es un manantial inagotable para el perdón y para un compromiso por la paz en toda auténtica comunidad cristiana. La Iglesia se dedica a la batalla por la paz con la oración. "La oración abre el corazón, no sólo a una profunda relación con Dios, sino también al encuentro con el prójimo inspirado por sentimientos de respeto, confianza, comprensión, estima y amor"[51] (CDSI 519).

(CDSI 519-520)

[51] Aquí el Compendio hace referencia a Juan Pablo II, *Mensaje para la Jornada mundial de la paz,* 1 de enero de 1992 (Ciudad del Vaticano: Librería Editrice Vaticana, 1992), 4.

Capítulo 12

Transformando la cultura

Martin Schlag

"Destacamos que la formación de los laicos y laicas debe contribuir, ante todo, a una actuación como discípulos misioneros en el mundo, en la perspectiva del diálogo y de la transformación de la sociedad".

(Aparecida 283)

La Nueva Evangelización llama a cada cristiano a salir a proclamar el Evangelio, cada uno de acuerdo a su vocación. Esto involucra la inculturación de la fe, "una fe que no se hace cultura, es una fe «no plenamente acogida, no enteramente pensada, no fielmente vivida»"[52] (CFL 59). El Evangelio tiene el po-

[52] Aquí la exhortación apostólica cita a Juan Pablo II, *Mensaje a los participantes en la Asamblea nacional del Movimiento Eclesial de compromiso cultural,* 16 de enero de 1982 (Ciudad del Vaticano: Librería Editrice

der de renovar las realidades sociales y culturales, realzando lo bueno de ambas y limpiándolas de sus elementos pecaminosos.

354. Obviamente la doctrina social de la Iglesia debe ponerse en práctica. ¿Cuál es su principal contribución para la acción cristiana?

La Iglesia contribuye a la edificación de la comunidad cristiana al resaltar el significado social del Evangelio. La actividad pastoral de la Iglesia en el sector social y en las acciones sociales de los cristianos, siempre pone al ser humano en el centro, especialmente a los pobres y a los que sufren. A través de sus vidas y de sus acciones, los cristianos, deben esforzarse por edificar sus sociedades. Nuestra fe puede renovar la cultura y la sociedad en la que vivimos.

(CDSI 521-523, 527)

355. ¿Qué es la cultura?

En referencia a una persona individual, la palabra "cultura" indica "todo aquello con lo que el hombre afina y desarrolla sus innumerables cualidades espirituales y corporales" (GS 53). A nivel social, se refiere a la suma de todos los elementos que le dan forma a nuestra vida en sociedad. Existen muchas culturas diferentes porque los elementos culturales varían de acuerdo al tiempo y al lugar. Dichos elementos, son tipicamente de naturaleza tecnológica, simbólica e institucional. La cultura es esencial para la vida humana, sin ella no nos podemos desarrollar com-

---

Vaticana, 1982), 2. Ver *Insegnamenti di Giovanni Paolo II,* vol. 5, parte 1 (Ciudad del Vaticano: Librería Editrice Vaticana 1982), pag. 131.

pletamente como seres humanos. Por lo tanto, la cultura también tiene un componente ético y religioso.

(GS 53)

"Asumir la diversidad cultural, que es un imperativo del momento, implica superar los discursos que pretenden uniformar la cultura, con enfoques basados en modelos únicos" (Aparecida 59).

356. ¿Tiene la fe cristiana algo que ver con la cultura?

Sí. Una fe viva forma y penetra la cultura desde adentro. De esta manera renueva y purifica la moral y las conductas de la sociedad. A esto lo llamamos "inculturación".

(CDSI 523)

"En efecto, el anuncio de Jesús y de su Evangelio no supuso, en ningún momento, una alienación de las culturas precolombinas, ni fue una imposición de una cultura extraña. Las auténticas culturas no están cerradas en sí mismas ni petrificadas en un determinado punto de la historia, sino que están abiertas, más aún, buscan el encuentro con otras culturas, esperan alcanzar la universalidad en el encuentro y el diálogo con otras formas de vida y con los elementos que puedan llevar a una nueva síntesis en la que se respete siempre la diversidad de las expresiones y de su realización cultural concreta.

En última instancia, sólo la verdad unifica y su prueba es el amor. Por eso Cristo, siendo realmente el Logos encarnado, «el amor hasta el extremo», no es ajeno a cultura alguna ni a ninguna persona; por el contrario, la respuesta anhelada en el corazón de las culturas es lo que les da su identidad última, uniendo a la humanidad y respetando a la vez la riqueza de las diversidades, abriendo a todos al crecimiento en la verdadera humanización, en el auténtico progreso. El Verbo de Dios, haciéndose carne en Jesucristo, se hizo también historia y cultura" (Benedicto XVI, Discurso inaugural en Aparecida).

357. ¿Qué es la "Nueva Evangelización"?

La Nueva Evangelización, en términos generales, se refiere a la evangelización de aquellas sociedades que nunca han conocido el Evangelio y a la reevangelización de aquellas sociedades que previamente han experimentado el Evangelio, pero que han visto la secularización de su cultura. La Nueva Evangelización, por lo tanto, llama a la inculturación de la fe cristiana en la sociedad de hoy, la que se inicia con la afirmación de lo bueno que existe en nuestras sociedades y luego se esfuerza para purificarlas de los elementos pecaminosos. La doctrina social tiene un papel muy importante en este esfuerzo.

(CDSI 523)

"La Nueva Evangelización surge en América Latina como respuesta a los problemas que presenta la realidad de un continente en el cual se da un divorcio entre fe y vida hasta producir clamorosas situaciones de injusticia, desigualdad social y violencia" (Santo Domingo, Conclusiones 24).

"En Cristo Palabra, Sabiduría de Dios (cf. 1 Co 1,30), la cultura puede volver a encontrar su centro y su profundidad, desde donde se puede mirar la realidad en el conjunto de todos sus factores, discerniéndolos a la luz del Evangelio y dando a cada uno su sitio y su dimensión adecuada" (Aparecida 41).

358. ¿A quién le confía la Iglesia la diseminación de la doctrina social y la inculturación de la fe?

Cada cristiano y todo el pueblo de Dios tienen un rol que desempeñar en la misión de la Iglesia. Como miembros bautizados en nuestra fe, es nuestro honor y deber compartir el don de la fe con los demás. Nadie puede dejar el trabajo de evangelización e inculturación a los demás. Todos los cristianos también están llamados a realizar el trabajo pastoral en el sector social. Todos los cristianos están llamados a ser sujetos activos en el descubrimiento de la verdad y a ser testigos de la verdad con palabras y acciones.

(CDSI 525, 538)

359. ¿Pero no hay diferentes funciones en la Iglesia?

Sí, las hay. Es la voluntad de Cristo que en la Iglesia haya ministros sagrados (también llamado el clero) y otros fieles cristianos llamados laicos. Aún más, hay un tercer grupo de cristianos que se consagran a Dios en una orden religiosa profesando los consejos evangélicos. "Por su regeneración en Cristo, se da entre todos los fieles una verdadera igualdad en cuanto a la dignidad y acción, en virtud de la cual todos, según su propia condición y oficio, cooperan a la edificación del Cuerpo de Cristo"[53] (CIglC 872).

(CIglC 872; LG 31-32)

[53] Aquí el Catecismo hace referencia a CIC, c. 208; cf. LG 32.

360. ¿Cuál es el trabajo principal de los pastores de la Iglesia como los obispos, sacerdotes, catequistas y hermanos y hermanas religiosos?

La Iglesia debe "escrutar a fondo los signos de la época e interpretarlos a la luz del Evangelio, de forma que, acomodándose a cada generación, pueda la Iglesia responder a los perennes interrogantes de la humanidad sobre el sentido de la vida presente y de la vida futura y sobre la mutua relación de ambas. Es necesario por ello conocer y comprender el mundo en que vivimos, sus esperanzas, sus aspiraciones y el sesgo dramático que con frecuencia le caracteriza" (GS 4). El primer trabajo de los pastores de la Iglesia consiste por lo tanto, en escuchar con interés filial a sus hermanos y hermanas sobre las cuestiones sociales de hoy; esta escucha se debe hacer con el deseo de compartir y comprender a quien se esta expresando.

(CDSI 533)

361. ¿Eso es todo?

Como parte del trabajo fundamental de compartir el Evangelio, los pastores también deben orientar, guiar y enseñar las dimensiones sociales del Evangelio a sus hermanas y hermanos en la fe. Nuestra formación cristiana quedaría incompleta sin el conocimiento de la doctrina social de la Iglesia. La enseñanza de esta doctrina debería ser parte de la formación de todos los cristianos, particularmente de los fieles laicos, cuyo carisma y deber consiste en santificar sus obligaciones en la sociedad civil.

(CDSI 528-531)

362. ¿Cómo debería orientarse este trabajo de formación?

La enseñanza de la doctrina social de la Iglesia debe estar orientada a hacer la vida y el trabajo en este mundo más humanos y más cristianos. No consiste solamente en palabras, sino que debe servir para motivar buenas acciones. Por esta razón, la mejor catequesis es dar testimonio con nuestra propia vida cristiana. Con respecto a la doctrina social de la Iglesia, el primer paso en la formación de todos los laicos cristianos, debería ser ayudarlos a realizar sus actividades diarias en la esfera cultural, social, económica y política y a desarrollar un sentido de deber que esté al servicio del bien común. Un paso siguiente, consiste en la formación especial de aquellos cristianos que tienen el talento y se sienten llamados a servir a la comunidad en posiciones de liderazgo.

(CDSI 530-531)

363. ¿Qué es el llamado de los fieles laicos?

El llamado de los fieles laicos es ser testigos de Cristo y ser contemplativos en medio del mundo, lo que significa buscar a Dios en todo lo que hacen. Llamamos a esto “la índole secular de su seguimiento de Cristo” (CDSI 541). Es su deber proclamar el Evangelio, con palabras y acciones, en toda actividad humana: en la familia, en los compromisos profesionales del trabajo, en la cultura, la ciencia y las investigaciones; también en el ejercicio de las responsabilidades sociales, económicas y políticas. Todas las realidades seculares que forman el contexto de la vida del cristiano, son situaciones que el fiel laico puede transformar a través de una vida de santidad.

(CDSI 541-545)

364. ¿Cómo pueden llevar ésto a cabo los fieles laicos?

Los laicos católicos son discípulos de Cristo. Como al clero y a los religiosos, Dios los marca en los sacramentos con la misma imagen de Su Hijo Jesucristo. Por el sacerdocio común que nace del bautismo, los laicos pueden transformar las realidades seculares a través de sus trabajos. "Los fieles laicos están llamados a cultivar una auténtica espiritualidad laical, que los regenere como hombres y mujeres nuevos, inmersos en el misterio de Dios e incorporados en la sociedad, santos y santificadores" (CDSI 545).

(CDSI 542-545)

365. La misión de los laicos, ¿es sólo una cuestión de sacramentos y oración?

No, los fieles laicos deben volverse mas competentes en sus trabajos profesionales, cumpliendo con sus deberes sociales y fortaleciendo la vida moral. Deben esforzarse por adquirir las destrezas técnicas y profesionales que se necesitan para sus trabajos y también para crecer en virtud. "No puede haber dos vidas paralelas: por una parte, la denominada vida «espiritual», con sus valores y exigencias; y por otra, la denominada vida «secular», es decir, la vida de familia, del trabajo, de las relaciones sociales, del compromiso político y de la cultura" (CDSI 546 citando CFL 59).

(CDSI 546)

366. ¿Cuál es el objetivo de los cristianos al trabajar con los demás para mejorar la sociedad?

El objetivo esencial de los cristianos con respecto a la mejora de la sociedad es la promoción de la dignidad humana, tanto en la vida de cada individuo como en las instituciones y estructuras sociales. Al asumir este compromiso, la conversión del corazón de uno mismo debe tener prioridad sobre la renovación de las instituciones y estructuras sociales porque la preocupación por los demás nace de la transformación del corazón de uno mismo.

(CDSI 552)

> "Estos caminos de vida fructifican en los dones de verdad y de amor que nos han sido dados en Cristo en la comunión de los discípulos y misioneros del Señor, para que América Latina y El Caribe sean efectivamente un continente en el cual la fe, la esperanza y el amor renueven la vida de las personas y transformen las culturas de los pueblos" (Aparecida 13).

367. ¿Dónde comienza la promoción de la dignidad humana?

La familia, las instituciones educativas y la Iglesia, enseñan a las personas como vivir en concordancia con su dignidad. "La promoción de la dignidad humana implica, ante todo, la afirmación del inviolable derecho a la vida, desde la concepción hasta la muerte natural, el primero entre todos y condición para todos los demás derechos de la persona"[54] (CDSI 553). Aún más, el respeto por la dignidad humana requiere el respeto por la dimensión religiosa de la persona, esto es, el efectivo recono-

---

[54] Aquí el Compendio hace referencia a *Don Vit.*

cimiento del derecho a la libertad de conciencia y a la libertad religiosa de los individuos y de las instituciones. En el contexto cultural actual, hay también una particular y urgente necesidad de defender la indisolubilidad del matrimonio entre un hombre y una mujer y de defender a la familia.

(CDSI 553)

368. Las asociaciones eclesiales, los grupos y los movimientos, ¿pueden ser útiles para la evangelización de la sociedad y la inculturación de la fe?

Estos grupos pueden ser de mucha ayuda porque reúnen a las personas en nombre de sus vocaciones y misión cristiana multiplicando así sus esfuerzos. En la vida cristiana, apoyarse unos a otros e intercambiar experiencias dentro de un campo profesional o cultural específico, puede promover la formación de una fe cristiana madura.

(CDSI 550)

369. ¿Es el campo social un área donde los católicos deberían cooperar con otras denominaciones cristianas y los creyentes de otras religiones?

Las enseñanzas sociales de la Iglesia son un instrumento de diálogo privilegiado entre los cristianos, con los judíos, nuestros hermanos mayores en la fe y con los creyentes de otras religiones. Los problemas sociales de nuestra época son tan complejos y difíciles, que ameritan un abordaje en conjunto. Una cooperación como esta, promovería la concientización de la hermandad que compartimos con otros cristianos y de la herencia espiritual de todas las religiones, lo que demanda a los creyentes a realizar un esfuerzo para alcanzar la paz y el desarrollo.

(CDSI 534-537)

370. ¿Cuál es la finalidad y propósito de la doctrina social de la Iglesia?

La finalidad y el propósito de la doctrina social de la Iglesia es la salvación eterna de las almas. Esto permanece inseparable de la construcción de la "civilización del amor" en la tierra. Para alcanzar este fin, la Iglesia propone "los principios y valores que pueden afianzar una sociedad digna del hombre. Entre estos principios, el de la solidaridad en cierta medida comprende todos los demás...el amor es la única fuerza (cf. 1 Co 12,31-14,1) que puede conducir a la perfección personal y social y mover la historia hacia el bien" (CDSI 580). Esto implica el reconocimiento de que todas las decisiones políticas y los intercambios económicos brotan de las relaciones humanas y de que existe una dimensión humana en ellos.

(CDSI 580; CV 36)

> "Cuando arrecian las injusticias y crece dolorosamente la distancia entre pobres y ricos, la doctrina social, en forma creativa y abierta a los amplios campos de la presencia de la Iglesia, debe ser precioso instrumento de formación y de acción" (Juan Pablo II, Discurso inaugural en Puebla III.7).

Tema especial

Comunicación y los medios de comunicación social

Norberto González Gaitano

371. ¿Cuál es la actitud general de la Iglesia hacia los medios de comunicación social?

Todos los medios de comunicación son muy importantes para la sociedad y por lo tanto para la ética social católica. Desde el Vaticano II (cf. *Inter Mirifica,* 1-2) y especialmente con las enseñanzas y el testimonio de la actitud del Papa Juan Pablo II hacia los periodistas y comunicadores, la Iglesia ha enfatizado su perspectiva positiva hacia los medios de comunicación. Al mismo tiempo, está continuamente llamando al discernimiento ya que "el mundo de los medios de comunicación tiene necesidad de la redención de Cristo" (Juan Pablo II, Carta apostólica, *El rápido desarrollo,* 2005, 4).

(CDSI 376; Juan Pablo II,
Carta encíclica, *Redemptoris Missio* 37)

"Los medios de comunicación, en general, no sustituyen las relaciones personales ni la vida comunitaria local. Sin embargo, los sitios pueden reforzar y estimular el intercambio de experiencias y de informaciones que intensifiquen la práctica religiosa a través de acompañamientos y orientaciones. También en la familia deben los padres alertar a sus hijos para un uso consciente de los contenidos disponibles en la Internet, para complementar su formación educacional y moral" (Aparecida 489).

372. ¿Podemos hablar de una ética de los medios de comunicación? ¿Quién sería responsable de ella?

Cuando se habla de cuestiones éticas relacionadas a los medios de comunicación, la Iglesia considera principalmente a las *personas* que trabajan en la comunicación más que a los "instrumentos" de comunicación social que se utilizan. Sólo tiene sentido hablar sobre la moral cuando la libre elección está presente; por lo tanto, la preocupación ética primaria no tiene que ver con los instrumentos sino con lo que las personas hacen con ellos. En consecuencia, podemos hablar de los deberes morales de varios grupos: productores, periodistas, guionistas, directores, fotógrafos, editores, dueños de medios de comunicación, autoridades públicas y también los usuarios de los medios de comunicación. A pesar de que las personas hablan sobre "los medios de comunicación" haciendo esto o lo otro, éstos no son una ciega fuerza natural que está más allá del control humano. A pesar de que el uso de los medios de comunicación con frecuencia tiene consecuencias involuntarias, son las *personas* las que deciden usarlos para el bien o para el mal.

(CDSI 560-561; EC 1)

373. ¿Cuáles son los principios más relevantes de la ética de los medios de comunicación?

Para comenzar, se debe decir que la comunidad de personas y la persona humana son el fin y la medida de la comunicación. Los principios éticos y las normas relevantes de otros campos, también se aplican a los medios de comunicación social: "los principios de la ética social, como la solidaridad, la subsidiariedad, la justicia, la equidad y la responsabilidad en el uso de los recursos públicos y en el cumplimiento de funciones de responsabilidad pública. La comunicación debe ser siempre veraz, puesto que la verdad es esencial a la libertad individual y a la comunión auténtica entre las personas" (EC 20). Más aún, la verdad demanda la diseminación responsable de la información —su contenido no debe promover la xenophobia, la discriminación o el nacionalismo disfrazado de patriotismo.

En situaciones de conflicto, los medios de comunicación deben estar del lado del más débil, de las víctimas y no del lado de los poderosos: "los responsables de las decisiones tienen el serio deber moral de reconocer las necesidades y los intereses de quienes son particularmente vulnerables —los pobres, los ancianos, los hijos por nacer, los niños y los jóvenes, los oprimidos y los marginados, las mujeres y las minorías, los enfermos y los minusválidos—, así como las necesidades e intereses de las familias y los grupos religiosos" (EC 22). Al mismo tiempo, ésto debe hacerse sin instrumentalizar a las víctimas para perseguir propósitos ideológicos.

(CDSI 414-416; PT 90)

374. ¿Qué se debe tener en cuenta cuando usamos los medios de comunicación social?

"El primer deber de los usuarios de las comunicaciones sociales consiste en el discernimiento y la selección. Los padres, las familias y la Iglesia tienen responsabilidades precisas e irrenunciables" (CDSI 562). Esta responsabilidad es doble: "gobernar" el consumo de los medios de comunicación en sus hijos y educar a los hijos en la virtud para promover la templanza, desarrollar una mente crítica y promover un juicio sólido y prudente.

Los católicos tienen el deber de estar informados correctamente sobre la vida de la Iglesia. Esto requiere, por un lado, que los fieles busquen fuentes confiables y, por el otro, que los pastores sean transparentes. Los fieles, los pastores y las personas que trabajan en las comunicaciones de la Iglesia deben ser conscientes de que sus palabras y acciones están al servicio de la comunión de *toda* la Iglesia.

375. ¿La Iglesia promueve la libertad de expresión?

Sí. La Iglesia sostiene la libertad de expresión, la que está muy ligada a la libertad religiosa. Si a una se le priva de la otra, las dos se vuelven vacías de significado, unas libertades aparentes y meramente formales. Ambas, la libertad religiosa y la libertad de expresión están amenazadas en la sociedad de hoy, especialmente por el extremismo religioso y el relativismo intolerante. Precisamente y en relación a este segundo extremismo, muchas personas se ven sujetas a la "tiranía" o la "dictadura" del relativismo. Sin la verdad, es la fuerza bruta quien gobierna. Los poderosos, a menudo intimidan e incluso silencian a los creyentes a través de presión política y económica, manipulación e, incluso, abuso sicológico.

(PT 12)

376. ¿Hay límites para la libertad de expresión?

Como ya se ha dicho, para la libertad religiosa y de conciencia, los justos límites en el ejercicio de la libertad de expresión "deben ser determinados para cada situación social mediante la prudencia política, según las exigencias del bien común, y ratificados por la autoridad civil mediante normas jurídicas conformes al orden moral objetivo" (CDSI 422).

(CDSI 422)

377. ¿Puede y debe el gobierno intervenir en esta área de expresión?

La enseñanza de la Iglesia sobre la libertad de conciencia en relación con el bien común, puede aplicarse fácilmente a la libertad de expresión. El gobierno puede y debe intervenir cuando es necesario para "la tutela eficaz de estos derechos en favor de todos los ciudadanos y por la pacífica composición de tales derechos, por la adecuada promoción de esta honesta paz pública, que es la ordenada convivencia en la verdadera justicia, y por la debida custodia de la moralidad pública" (DH 7).

378. ¿Qué hace diferentes a las redes sociales de otros medios de comunicación?

Los medios de comunicación social se distinguen a sí mismos de los medios "antiguos" en que su audiencia participa más activamente en el proceso de comunicación. Los usuarios también son productores de contenidos, en vez de ser meros consumidores. Las plataformas de medios de comunicación social han abierto un mundo entero, permitiéndonos compartir nuestras vidas, conocimientos, alegrías y tristezas con nuestros hermanos y hermanas a lo largo del planeta.

379. ¿Cuáles son algunos de los desafíos que plantean los medios de comunicación social y otras tecnologías modernas?

Las redes sociales y las actuales tecnologías plantean nuevos desafíos para la cultura humana, por cuanto están dando forma a las relaciones personales y están cambiando las relaciones familiares y sociales: "hoy, los medios de comunicación más modernos, que son irrenunciables sobre todo para los más jóvenes, pueden tanto obstaculizar como ayudar a la comunicación en la familia y entre familias. La pueden obstaculizar si se convierten en un modo de sustraerse a la escucha, de aislarse de la presencia de los otros, de saturar cualquier momento de silencio y de espera, olvidando que «el silencio es parte integrante de la comunicación y sin él no existen palabras con densidad de contenido» (Benedicto XVI, *Mensaje para la XLVI Jornada Mundial de las Comunicaciones Sociales,* 24 enero 2012). La pueden favorecer si ayudan a contar y compartir, a permanecer en contacto con quienes están lejos, a agradecer y a pedir perdón, a hacer posible una y otra vez el encuentro. Redescubriendo cotidianamente este centro vital que es el encuentro, este inicio vivo, sabremos orientar nuestra relación con las tecnologías, en lugar de ser guiados por ellas. También en este campo, los padres son los primeros educadores. Pero no hay que dejarlos solos; la comunidad cristiana está llamada a ayudarles para vivir en el mundo de la comunicación según los criterios de la dignidad de la persona humana y del bien común" (Papa Francisco, *Mensaje para la Jornada Mundial de las Comunicaciones Sociales,* 2015).

(LS 47)

Bibliografía

Academia pontificia para la vida. *Declaración sobre la producción y uso científico y terapeútico de las células estaminales embrionarias humanas.* Ciudad del Vaticano: Librería Editrice Vaticana, 2000.

Aquino, Tomás. *Summa Theologiae.* Madrid: Biblioteca de Autores Cristianos, 2014. Edición bilingüe con el texto latino de la edición crítica leonina. Reimpresión de la edición de 1964. Traducción y anotaciones por una comisión de PP. Dominicos presidida por Francisco Barbado Viejo.

Benedicto XVI. *A la Curia Romana con motivo de las felicitaciones navideñas.* 22 de diciembre de 2005. Ciudad del Vaticano: Librería Editirice Vaticana.

— *Deus Caritas Est.* Carta encíclica. Ciudad del Vaticano: Librería Editrice Vaticana, 2005.

— *A la Curia Romana con motivo de las felicitaciones navideñas.* 22 de diciembre de 2008. Ciudad del Vaticano: Librería Editirice Vaticana.

— *Caritas in Veritate*. Carta encíclica. Ciudad del Vaticano: Librería Editrice Vaticana, 2009.

— *Mensaje para la celebración de la Jornada mundial de la paz: si quieres promover la paz, protege la creación.* 1 de enero de 2010. Ciudad del Vaticano: Librería Editrice Vaticana, 2009.

— *Mensaje para la celebración de la Jornada mundial de la paz: la libertad religiosa, camino para la paz.* 1 de enero de 2011. Ciudad del Vaticano: Librería Editrice Vaticana, 2010.

— *Africae Munus*. Exhortación Apostólica. Ciudad del Vaticano: Libraría Editrice Vaticana, 2011.

— *Mensaje para la Jornada mundial de las comunicaciones sociales: "Silencio y Palabra: camino de evangelización".* 20 de mayo de 2012. Ciudad del Vaticano: Librería Editricie Vaticana, 2012.

Biblia Latinoamericana. Edición revisada 2005.

Catecismo de la Iglesia Católica. Ciudad del Vaticano: Librería Editrice Vaticana, 1992.

Código de Derecho Canónico. Ciudad del Vaticano: Librería Editrice Vaticana, 1983.

Compendio del Catecismo de la Iglesia Católica. Ciudad del Vaticano: Librería Editrice Vaticana, 2005.

Concilio Vaticano II. *Inter Mirifica. Decreto.* Ciudad del Vaticano: Librería Editrice Vaticana, 1964.

— *Lumen Gentium. Constitución dogmática.* Ciudad del Vaticano: Librería Editrice Vaticana, 1964.

— *Dignitatis Humanae. Declaración.* Ciudad del Vaticano: Librería Editrice Vaticana, 1965.

— *Gaudium et Spes. Constitución dogmática Ciudad del Vaticano*: Librería Editrice Vaticana, 1965.

— *Apostolicam Actuositatem. Decreto.* Ciudad del Vaticano: Librería Editrice Vaticana, 1966.

Conferencia de Obispos Católicos de Estados Unidos. *Justicia económica para todos: carta pastoral sobre la enseñanza social católica y la economía de los E.U.A.* Washington, D.C. 1997.

— *Preguntas y respuestas sobre las respuestas de la Santa Sede con respecto a la nutrición y alimentación de pacientes en "estado vegetativo".* Washington, DC.

— *Enseñanzas católicas sociales sobre la migración.* Washington, D.C.

— *Preguntas frecuentes sobre la reforma migratoria.* Washington, D.C.: 2003.

Conferencia Episcopal Paraguaya. *Carta Pastoral: el campesino paraguayo y la tierra.* 12 de junio de 1983 Asunción, Paraguay: Conferencia Episcopal Paraguaya, 1983; https://episcopal.org.py/?news=el-campesino-paraguayo-y-la-tierra-12-de-junio-de-1983.

Congregación para la Educación Católica. *Orientaciones educativas sobre el amor humano.* Ciudad del Vaticano: Librería Editrice Vaticana, 1983.

— *Dimensión religiosa de la educación en la escuela católica: orientaciones para la reflexión y revisión.* Ciudad del Vaticano: Librería Editrice Vaticana, 1988.

— *«Varón y mujer los creó». Para una vía de diálogo sobre la cuestión del gender en la educación,* 2019.

Congregación para la Doctrina de la Fe. *Declaración sobre el aborto.* Acta Apostolicae Sedis 66 (1974) pags. 730-747.

— *Declaración «Iura et Bona» sobre la eutanasia.* Acta Apostolicae Sedis 72,1 (1980) pags. 542-552.

— *Instrucción Libertatis Conscientia*. Acta Apostolicae Sedis 79 (1987) pags. 554-599

— *Instrucción Donum Vitae*. Acta Apostolicae Sedis 80 (1988); pags. 70-102.

— *Instrucción Donum Veritatis*. Acta Apostolicae Sedis 82 (1990) pags. 1550-1570.

— *Carta a los obispos de la Iglesia Católica sobre la colaboración del hombre y la mujer en la Iglesia y en el mundo.* Acta Apostolicae Sedis 96 (2004) pags. 671-687.

— *Instrucción Dignitas Personae*. Acta Apostolicae Sedis 100 (2008) pags. 858-887.

— *Nota Doctrinal sobre algunas cuestiones relativas al compromiso y la conducta de los católicos en la vida política.* Acta Apostolicae Sedis 96 (2004): pags. 671-687.

— *Carta a los obispos acerca de la nueva redacción del n. 2267 del CIglC sobre la pena de muerte,* 2018.

Consejo Pontificio Cor Unum. *Los refugiados: un desafío a la solidaridad.* Ciudad del Vaticano: Librería Editrice Vaticana, 1992.

Francisco. *Discurso a los estudiantes de las escuelas de los Jesuitas de Italia y Albania.* 7 de junio de 2013. Ciudad del Vaticano: Librería Editrice Vaticana, 2013.

— *Evangelii Gaudium. Exhortación Apostólica.* Ciudad del Vaticano: Librería Editrice Vaticana, 2013.

— *Lumen Fidei. Carta encíclica.* Ciudad del Vaticano: Librería Editrice Vaticana, 2013.

— *Meditaciones diarias.* 16 de septiembre de 2013. Ciudad del Vaticano: Librería Editrice Vaticana, 2013.

— *Mensaje a la Asamblea General de la Academia Pontificia Para la Vida.* 19 de febrero de 2014. Ciudad del Vaticano: Librería Editrice Vaticana, 2014.

— *Audiencia general.* 15 de abril de 2015. Ciudad del Vaticano: Librería Editrice Vaticana. 2015.

— *Conferencia de prensa durante el vuelo de Manila a Roma.* 19 de enero de 2015. Ciudad del Vaticano: Librería Editrice Vaticana. 2015.

— *Laudato Si'. Carta encíclica.* Ciudad del Vaticano: Librería Editrice Vaticana, 2015.

— *Encuentro con las familias,* Manila. 16 de enero de 2015. Ciudad del Vaticano: Librería Editrice Vaticana. 2015.

— *Mensaje para la Jornada mundial de las comunicaciones sociales: Comunicar la familia: ambiente privilegiado del encuentro en la gratuidad del amor.* 23 de enero de 2015. Ciudad del Vaticano: Librería Editrice Vaticana, 2015.

— *Bula Misericordiae Vultus.* Ciudad del Vaticano: Librería Editrice Vaticana, 2015.

— *Amoris Laetitia. Exhortación Apostólica.* Ciudad del Vaticano: Librería Editrice Vaticana, 2016.

— *Querida Amazonia. Exhortación Apostólica.* Ciudad del Vaticano: Librería Editrice Vaticana, 2020.

Juan Pablo II. *Discurso en la III Conferencia General del Episcopado Latinoamericano,* Puebla, Mexico. 28 de enero de 1979. Ciudad del Vaticano: Librería Editrice Vaticana, 1979.

— *Familiaris Consortio. Exhortación Apostólica.* Ciudad del Vaticano: Librería Editrice Vaticana, 1981.

— *Audiencia general.* 13 de mayo de 1981. Ciudad del Vaticano: Librería editrice Vaticana, 1981.

— *Laborem Exercens. Carta encíclica.* Ciudad del Vaticano: Librería Editrice Vaticana, 1981.

— *Encuentro con los representantes de la Universidad de las Naciones Unidas,* Hiroshima, 25 de febrero de 1981. *L'Osservatore Romano.* Edición semanal en lengua Española n.10 p.16, 17, 18.

— *Mensaje a los participantes de la asamblea nacional del movimiento eclesial de compromiso cultural.* 16 de enero de 1982. Insegnamenti di Giovanni Paolo II, vol. 5, parte 1. Ciudad del Vaticano: Librería Editrice Vaticana, 1982.

— *Mensaje a la asamblea general de la ONU con motivo del 40 aniversario.* 14 de octubre de 1985. *L'Osservatore Romano.* Edición semanal en lengua española, n. 44, p. 1, 12.

— *Solicitudo Rei Socialis. Carta encíclica.* Ciudad del Vaticano: Librería Editrice Vaticana, 1987.

— *Christifideles Laici. Exhortación Apostólica.* Ciudad del Vaticano: Librería Editrice Vaticana, 1988.

— *Redemptoris Missio. Carta encíclica.* Ciudad del Vaticano: Librería Editrice Vaticana, 1990.

— *Centesimus Annus. Carta encíclica.* Ciudad del Vaticano: Librería Editrice Vaticana, 1991.

— *Mensaje para la celebración de la XXV Jornada mundial de la paz: creyentes unidos en la construcción de la paz.* 1 de enero de 1992. Ciudad del Vaticano: Librería Editrice Vaticana, 1992.

— *Carta Gratissimam Sane* a las familias. Ciudad del Vaticano: Librería Editrice Vaticana, 1994.

— *Evangelium Vitae*. Carta encíclica. Ciudad del Vaticano: Librería Editrice Vaticana, 1995.

— *Carta a las mujeres*. Ciudad del Vaticano: Librería Editrice Vaticana, 1995.

— *Ángelus. Estadio Olímpico de Berlín.* 23 de Junio de 1996. Ciudad del Vaticano: Librería Editrice Vaticana, 1996.

— *Ecclesia in America. Exhortación Apostólica.* Ciudad del Vaticano: Librería Editrice Vaticana, 1999.

— *Carta a los ancianos.* Ciudad del Vaticano: Librería Editrice Vaticana, 1999.

— *Mensaje para la Jornada mundial de la paz: el secreto de la paz verdadera, reside en el respeto de los derechos humanos.* 1 de enero de 1999. Ciudad del Vaticano: Librería Editrice Vaticana, 1999.

— *Mensaje con ocasión del XVIII Congreso Internacional de la Sociedad de Trasplante.* 29 de Agosto de 2000. Ciudad del Vaticano: Librería Editrice Vaticana, 2000.

— *Mensaje para la Jornada mundial de la paz: paz en la tierra a los hombres que Dios ama.* 1 de enero de 2000. Ciudad del Vaticano: Librería Editrice Vaticana, 2000.

— *Discurso por el encuentro con el mundo de la cultura,* Astana, Kazakhstan, 24 de septiembre de 2001.

— *Mensaje para la Jornada mundial de la paz: diálogo entre las culturas para una civilización del amor y la paz.* 1 de enero de 2001. Ciudad del Vaticano: Librería Editrice Vaticana, 2001.

— *Audiencia general.* 30 de enero de 2002. Ciudad del Vaticano: Librería Editrice Vaticana, 2002.

— *Carta al presidente de la II Asamblea Mundial Sobre el Envejecimiento.* Ciudad del Vaticano: Librería Editrice Vaticana, 2002.

— *Discurso al Cuerpo Diplomático.* 13 enero de 2003. Ciudad del Vaticano: Librería Editrice Vaticana, 2003.

— *Mensaje por la Jornada mundial de la paz: un compromiso siempre actual: educar a la paz.* 1 de enero de 2004. Ciudad del Vaticano: Librería Editrice Vaticana, 2004.

— *El rápido desarrollo. Carta apostólica a los responsables de las comunicaciones sociales.* Ciudad del Vaticano: Librería Editrice Vaticana, 2005.

Juan XXIII. *Mater e Magistra. Carta encíclica.* Ciudad del Vaticano: Librería Editrice Vaticana, 1961.

— *Pacem in Terris. Carta encíclica.* Ciudad del Vaticano: Librería Editrice Vaticana, 1963.

Pablo VI. *Epílogo del Concilio Vaticano II: alocución durante la última Sesión pública.* 7 de diciembre de 1965. Ciudad del Vaticano: Librería Editrice Vaticana, 1965.

— *Populorum Progressio: Carta encíclica.* Ciudad del Vaticano: Librería Editrice Vaticana, 1967.

— *Mensaje para la «Jornada del Desarrollo»* 23 de Agosto de 1968. Acta Apostolicae Sedis 60 (1968): pags. 626-627.

— *Octogesima Adveniens. Carta apostólica.* Ciudad del Vaticano: Librería Editrice Vaticana, 1971.

Pio XI. *Quadragesimo Anno. Carta encíclica.* Ciudad del Vaticano: Librería Editrice Vaticana, 1931.

Pio XII. *Radio mensaje en la víspera de Navidad.* 24 de diciembre de 1944. Acta Apostolicae Sedis 37 (1945) pags. 10-20.

— *Carta apostólica Decennium Dum Expletur.* Acta Apostolicae Sedis 41 (1949): pags. 450-453.

Pontificio Consejo «Justicia y Paz». *Compendio de la Doctrina Social de la Iglesia.* Ciudad del Vaticano: Librería Editrice Vaticana, 2004.

— *La vocación del líder empresarial.* Ciudad del Vaticano: Pontificio Consejo Justicia y Paz, 2014.

— *Tierra y alimento.* Ciudad del Vaticano: Librería Editrice Vaticana, 2015.

Pontificio Consejo para las comunicaciones sociales. *Ética en las comunicaciones sociales.* Ciudad del Vaticano: Librería Editrice Vaticana, 2015.

Schönborn, Christoph, ed. *Youcat.* San Francisco: Ignatius Press, 2011.

Colaboradores

Pau Agulles es profesor de Teología Moral en la Pontificia Universidad de la Santa Cruz, Roma.

Arturo Bellocq es profesor de Teología Moral en la Pontificia Universidad de la Santa Cruz, Roma.

Norberto González Gaitano es profesor de Opinión Pública y Comunicaciones en la Pontificia Universidad de la Santa Cruz, Roma.

Gregorio Guitián es profesor de Teología Moral en la Universidad de Navarra, Pamplona, España.

Antonio Malo es profesor de Antropología Filosófica en la Pontificia Universidad de la Santa Cruz, Roma.

Jennifer E. Morel es directora de investigación del Instituto Internacional de la Cultura y Gender Studies.

Elizabeth Reichert es profesora de Teología Moral en el Seminario de St. John, Los Angeles, CA, USA.

Martin Schlag es profesor de Doctrina Social de la Iglesia en la University of St. Thomas, St. Paul-Minneapolis, MN, USA donde dirige el John A. Ryan Institute; y profesor de Teología Moral Social en la Pontificia Universidad de la Santa Cruz, Roma, donde dirige el Centro "Markets, Culture and Ethics". En 2012, fue nombrado consultor para el Pontificio Consejo "Justicia y Paz" (ahora Dicasterio para el Servicio del Desarrollo Humano Integral).

Tebaldo Vinciguerra trabaja en el Dicasterio para el Servicio del Desarrollo Humano Integral (anteriormente trabajaba en el Pontificio Consejo «Justicia y Paz»).

Índice temático

A

B

C

D

E

G

H

I

J

L

M

N

P

R

S

T

U

V

Patrocinadores

El papa Francisco, al igual que Benedicto y Juan Pablo II, se refiere con frecuencia al Compendio de la Doctrina Social de la Iglesia, un documento único que continúa siendo de vital importancia para aquellos interesados en la justicia social y en la interacción de la Iglesia y el Estado. Todos quienes quieren comprender estas enseñanzas, y poder acceder a ellas rápidamente, apreciarán al Manual de Doctrina Social de la Iglesia como un recurso inestimable.

Cardenal George Pell
ha sido prefecto de la Secretaría de Economía

La enseñanza Social Católica se puede resumir en una sola frase: ningún hombre es un problema. La antropología reductiva reduce a los seres humanos a "problemas" que invitan a una solución —aún a una solución final. Esto es lo que nos ha vendido el aborto, el genocidio, la eutanasia, y otros similares. En este Manual de la Doctrina Social de la Iglesia, encontramos una antropología coherente con ambas, la ley natural y la ley divina, una que muestra la cara humana de Dios aún cuando revela la cara divina del hombre.

Arzobispo Thomas Wenski es miembro del
Comité de Justicia Doméstica y
Desarrollo Humano de la Conferencia
de Obispos de Estados Unidos de América

La enseñanza Social Católica a menudo ha sido descrita como "el secreto mejor guardado" de la Iglesia. Por supuesto, con el papa Francisco se ha vuelto menos secreta, pero todavía es verdad que muchas personas no comprenden el rango completo de las preocupaciones de la Iglesia, o las bases de ellas en la enseñanza y tradición Católica. En este volumen excepcional, Monseñor Martin Schlag ofrece una visión general desde una ventanilla única y merece ser ampliamente leída, estudiada, meditada, orar con ella y quizás aun más importante, ponerla en acción.

John L. Allen Jr., editor

El Manual de Doctrina Social de la Iglesia Católica persigue un objetivo formidable y lo alcanza de manera estupenda. Usando el estilo del catecismo de pregunta y respuesta, este Manual presenta de manera amplia y profunda la enseñanza social Católica y lo hace en pequeñas porciones ofreciendo un resumen práctico del Compendio de la Doctrina Social de la Iglesia. Este Manual será de mucha ayuda para que la riqueza de la enseñanza social Católica sea accesible para aquellos que encuentran al Compendio un poco intimidante para su lectura.

Brian Singer-Towns, autor